锲而不舍 攀登不息

崇文传

王 新 ◎ 著

中国科学院院士传记丛书
科学家学术成长资料采集工程

1944年	1950年	1952年	1955年	1960年	1980年	1986年	1995年	2003年	2022年
考入国立西南联合大学	留任北京大学地质系助教	转至北京地质学院	开设地球化学课程	创建国内首个地球化学专业	引进数学地质的理论与方法	开辟区域地球化学研究领域	当选中国科学院院士	提出地质系统的复杂性理论	逝世于北京

老科学家学术成长资料采集工程
中国科学院院士传记丛书

锲而不舍 攀登不息

於崇文 传

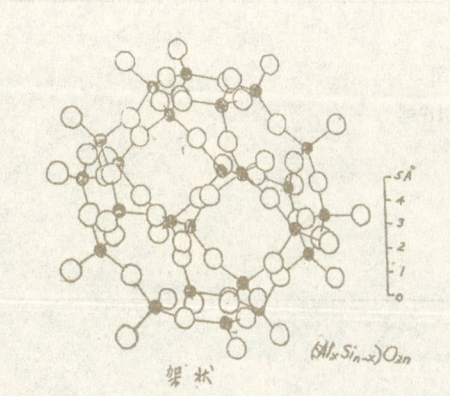

王 新 ◎ 著

中国科学技术出版社
·北京·

图书在版编目（CIP）数据

锲而不舍 攀登不息：於崇文传/王新著．-- 北京：中国科学技术出版社，2024.7

（老科学家学术成长资料采集工程丛书．中国科学院院士传记丛书）

ISBN 978-7-5236-0790-9

Ⅰ.①锲… Ⅱ.①王… Ⅲ.①於崇文（1924—2022）-传记 Ⅳ.① K826.14

中国国家版本馆 CIP 数据核字（2024）第 110567 号

责任编辑	李双北
责任校对	张晓莉
责任印制	徐　飞
版式设计	中文天地

出　　版	中国科学技术出版社
发　　行	中国科学技术出版社有限公司
地　　址	北京市海淀区中关村南大街 16 号
邮　　编	100081
发行电话	010-62173865
传　　真	010-62173081
网　　址	http://www.cspbooks.com.cn

开　　本	787mm×1092mm　1/16
字　　数	206 千字
印　　张	13.25
彩　　插	2
版　　次	2024 年 7 月第 1 版
印　　次	2024 年 7 月第 1 次印刷
印　　刷	北京顶佳世纪印刷有限公司
书　　号	ISBN 978-7-5236-0790-9 / K・399
定　　价	96.00 元

（凡购买本社图书，如有缺页、倒页、脱页者，本社销售中心负责调换）

老科学家学术成长资料采集工程专家委员会

主　任：韩启德

委　员：（以姓氏拼音为序）

陈佳洱　方　新　傅志寰　李静海　刘　旭
齐　让　王进展　王礼恒　赵沁平

老科学家学术成长资料采集工程丛书组织机构

特邀顾问（以姓氏拼音为序）

樊洪业　方　新　谢克昌

编委会

主　编：老科学家学术成长资料采集工程领导小组办公室

编　委：（以姓氏拼音为序）

艾素珍　陈维成　定宜庄　董庆九　胡化凯
胡宗刚　吕瑞花　孟令耘　潘晓山　秦德继
阮　草　谭华霖　王扬宗　熊卫民　姚　力
张大庆　张　剑　张　藜　周德进

编委会办公室

主　任：董　阳　董亚峥

副主任：韩　颖

成　员：（以姓氏拼音为序）

高文静　胡艳红　李　梅　刘如溪　罗兴波
王传超　张珩旭　张佳静

老科学家学术成长资料采集工程简介

老科学家学术成长资料采集工程（以下简称"采集工程"）是根据国务院领导同志的指示精神，由国家科教领导小组于2010年正式启动，中国科协牵头，联合中组部、教育部、科技部、工信部、财政部、文化部、国资委、解放军总政治部、中国科学院、中国工程院、国家自然科学基金委员会等11部委共同实施的一项抢救性工程，旨在通过实物采集、口述访谈、录音录像等方法，把反映老科学家学术成长历程的关键事件、重要节点、师承关系等各方面的资料保存下来，为深入研究科技人才成长规律，宣传优秀科技人物提供第一手资料和原始素材。

采集工程是一项开创性工作。为确保采集工作规范科学，启动之初即成立了由中国科协主要领导任组长、12个部委分管领导任成员的领导小组，负责采集工程的宏观指导和重要政策措施制定，同时成立领导小组专家委员会负责采集原则确定、采集名单审定和学术咨询，委托科学史学者承担学术指导与组织工作，建立专门的馆藏基地确保采集资料的永久性收藏和提供使用，并研究制定了《采集工作流程》《采集工作规范》等一系列基础文件，作为采集人员的工作指南。截至2021年8月，采集工程已启动592位科学家的学术成长资料采集项目，获得实物原件资料132922件、数字化资料318092件、视频资料443783分钟、音频资料527093分钟，具有重要的史料价值。

采集工程的成果目前主要有三种体现形式，一是建设"中国科学家博物馆网络版"，提供学术研究和弘扬科学精神、宣传科学家之用；二是编辑制作科学家专题资料片系列，以视频形式播出；三是研究撰写客观反映老科学家学术成长经历的研究报告，以学术传记的形式，与中国科学院、中国工程院联合出版。随着采集工程的不断拓展和深入，将有更多形式的采集成果问世，为社会公众了解老科学家的感人事迹，探索科技人才成长规律，研究中国科技事业的发展历程提供客观翔实的史料支撑。

总序一

中国科学技术协会主席　韩启德

老科学家是共和国建设的重要参与者，也是新中国科技发展历史的亲历者和见证者，他们的学术成长历程生动反映了近现代中国科技事业与科技教育的进展，本身就是新中国科技发展历史的重要组成部分。针对近年来老科学家相继辞世、学术成长资料大量散失的突出问题，中国科协于2009年向国务院提出抢救老科学家学术成长资料的建议，受到国务院领导同志的高度重视和充分肯定，并明确责成中国科协牵头，联合相关部门共同组织实施。根据国务院批复的《老科学家学术成长资料采集工程实施方案》，中国科协联合中组部、教育部、科技部、工业和信息化部、财政部、文化部、国资委、解放军总政治部、中国科学院、中国工程院、国家自然科学基金委员会等11部委共同组成领导小组，从2010年开始组织实施老科学家学术成长资料采集工程。

老科学家学术成长资料采集是一项系统工程，通过文献与口述资料的搜集和整理、录音录像、实物采集等形式，把反映老科学家求学历程、师承关系、科研活动、学术成就等学术成长中关键节点和重要事件的口述资料、实物资料和音像资料完整系统地保存下来，对于充实新中国科技发展的历史文献，理清我国科技界学术传承脉络，探索我国科技发展规律和科技人才成长规律，弘扬我国科技工作者求真务实、无私奉献的精神，在全社会营造爱科学、学科学、用科学的良好氛围，是一件很有意义的事情。采集工程把重点放在年龄在 80 岁以上、学术成长经历丰富的两院院士，以及虽然不是两院院士、但在我国科技事业发展中作出突出贡献的老科技工作者，充分体现了党和国家对老科学家的关心和爱护。

自 2010 年启动实施以来，采集工程以对历史负责、对国家负责、对科技事业负责的精神，开展了一系列工作，获得大量反映老科学家学术成长历程的文字资料、实物资料和音视频资料，其中有一些资料具有很高的史料价值和学术价值，弥足珍贵。

以传记丛书的形式把采集工程的成果展现给社会公众，是采集工程的目标之一，也是社会各界的共同期待。在我看来，这些传记丛书大都是在充分挖掘档案和书信等各种文献资料、与口述访谈相互印证校核、严密考证的基础之上形成的，内中还有许多很有价值的照片、手稿影印件等珍贵图片，基本做到了图文并茂，语言生动，既体现了历史的鲜活，又立体化地刻画了人物，较好地实现了真实性、专业性、可读性的有机统一。通过这套传记丛书，学者能够获得更加丰富扎实的文献依据，公众能够更加系统深入地了解老一辈科学家的成就、贡献、经历和品格，青少年可以更真实地了解科学家、了解科技活动，进而充分激发对科学家职业的浓厚兴趣。

借此机会，向所有接受采集的老科学家及其亲属朋友，向参与采集工程的工作人员和单位，表示衷心感谢。真诚希望这套丛书能够得到学术界的认可和读者的喜爱，希望采集工程能够得到更广泛的关注和支持。我期待并相信，随着时间的流逝，采集工程的成果将以更加丰富多样的形式呈现给社会公众，采集工程的意义也将越来越彰显于天下。

是为序。

总序二

中国科学院院长　白春礼

由国家科教领导小组直接启动，中国科学技术协会和中国科学院等12个部门和单位共同组织实施的老科学家学术成长资料采集工程，是国务院交办的一项重要任务，也是中国科技界的一件大事。值此采集工程传记丛书出版之际，我向采集工程的顺利实施表示热烈祝贺，向参与采集工程的老科学家和工作人员表示衷心感谢！

按照国务院批准实施的《老科学家学术成长资料采集工程实施方案》，开展这一工作的主要目的就是要通过录音录像、实物采集等多种方式，把反映老科学家学术成长历史的重要资料保存下来，丰富新中国科技发展的历史资料，推动形成新中国的学术传统，激发科技工作者的创新热情和创造活力，在全社会营造爱科学、学科学、用科学的良好氛围。通过实施采集工程，系统搜集、整理反映这些老科学家学术成长历程的关键事件、重要节点、学术传承关系等的各类文献、实物和音视频资料，并结合不同时期的社会发展和国际相关学科领域的发展背景加以梳理和研究，不仅有利于深入了解新中国科学发展的进程特别是老科学家所在学科的发展脉络，而且有利于发现老科学家成长成才中的关键人物、关键事件、关键因素，探索和把握高层次人才培养规律和创新人才成长规律，更有利于理清我国科技界学术传承脉络，深入了解我国科学传统的形成过程，在全社会范围内宣传弘扬老科学家的科学思想、卓越贡献和高尚品质，推动社会主义科学文化和创新文化建设。从这个意义上说，采集工程不仅是一项文化工程，更是一项严肃认真的学术建设工作。

中国科学院是科技事业的国家队，也是凝聚和团结广大院士的大家庭。早在1955年，中国科学院选举产生了第一批学部委员，1993年国务院决定中国科学院学部委员改称中国科学院院士。半个多世纪以来，从学部委员到院士，经历了一个艰难的制度化进程，在我国科学事业发展史上书写了浓墨重彩的一笔。在目前已接受采集的老科学家中，有很大一部分即是上个世纪80、90年代当选的中国科学院学部委员、院士，其中既有学科领域的奠基人和开拓者，也有作出过重大科学成就的著名科学家，更有毕生在专门学科领域默默耕耘的一流学者。作为声誉卓著的学术带头人，他们以发展科技、服务国家、造福人民为己任，求真务实、开拓创新，为我国经济建设、社会发展、科技进步和国家安全作出了重要贡献；作为杰出的科学教育家，他们着力培养、大力提携青年人才，在弘扬科学精神、倡树科学理念方面书写了可歌可泣的光辉篇章。他们的学术成就和成长经历既是新中国科技发展的一个缩影，也是国家和社会的宝贵财富。通过采集工程为老科学家树碑立传，不仅对老科学家们的成就和贡献是一份肯定和安慰，也使我们多年的夙愿得偿！

鲁迅说过，"跨过那站着的前人"。过去的辉煌历史是老一辈科学家铸就的，新的历史篇章需要我们来谱写。衷心希望广大科技工作者能够通过"采集工程"的这套老科学家传记丛书和院士丛书等类似著作，深入具体地了解和学习老一辈科学家学术成长历程中的感人事迹和优秀品质；继承和弘扬老一辈科学家求真务实、勇于创新的科学精神，不畏艰险、勇攀高峰的探索精神，团结协作、淡泊名利的团队精神，报效祖国、服务社会的奉献精神，在推动科技发展和创新型国家建设的广阔道路上取得更辉煌的成绩。

总序三

中国工程院院长　周　济

由中国科协联合相关部门共同组织实施的老科学家学术成长资料采集工程，是一项经国务院批准开展的弘扬老一辈科技专家崇高精神、加强科学道德建设的重要工作，也是我国科技界的共同责任。中国工程院作为采集工程领导小组的成员单位，能够直接参与此项工作，深感责任重大、意义非凡。

在新的历史时期，科学技术作为第一生产力，已经日益成为经济社会发展的主要驱动力。科技工作者作为先进生产力的开拓者和先进文化的传播者，在推动科学技术进步和科技事业发展方面发挥着关键的决定的作用。

新中国成立以来，特别是改革开放30多年来，我们国家的工程科技取得了伟大的历史性成就，为祖国的现代化事业作出了巨大的历史性贡献。两弹一星、三峡工程、高速铁路、载人航天、杂交水稻、载人深潜、超级计算机……一项项重大工程为社会主义事业的蓬勃发展和祖国富强书写了浓墨重彩的篇章。

这些伟大的重大工程成就，凝聚和倾注了以钱学森、朱光亚、周光召、侯祥麟、袁隆平等为代表的一代又一代科技专家们的心血和智慧。他们克服重重困难，攻克无数技术难关，潜心开展科技研究，致力推动创新发展，为实现我国工程科技水平大幅提升和国家综合实力显著增强作出了杰出贡献。他们热爱祖国，忠于人民，自觉把个人事业融入到国家建设大局之中，为实现国家富强而不断奋斗；他们求真务实，勇于创新，用科技为中华民族的伟大复兴铸就了辉煌；他们治学严谨，鞠躬尽瘁，具有崇高的科学精神和科学道德，是我们后代学习的楷模。科学家们的一生是一本珍贵的教科书，他们坚定的理想信念和淡泊名利的崇高品格是中华民族自强不息精神的宝贵财富，永远值得后人铭记和敬仰。

通过实施采集工程，把反映老科学家学术成长经历的重要文字资料、实物资料和音像资料保存下来，把他们卓越的技术成就和可贵的精神品质记录下来，并编辑出版他们的学术传记，对于进一步宣传他们为我国科技发展和民族进步作出的不朽功勋，引导青年科技工作者学习继承他们的可贵精神和优秀品质，不断攀登世界科技高峰，推动在全社会弘扬科学精神，营造爱科学、讲科学、学科学、用科学的良好氛围，无疑有着十分重要的意义。

中国工程院是我国工程科技界的最高荣誉性、咨询性学术机构，集中了一大批成就卓著、德高望重的老科技专家。以各种形式把他们的学术成长经历留存下来，为后人提供启迪，为社会提供借鉴，为共和国的科技发展留下一份珍贵资料。这是我们的愿望和责任，也是科技界和全社会的共同期待。

周济

於崇文
（2013年11月，王新摄于武汉）

采集小组成员王义超访谈於崇文、蒋耀淞夫妇后留影
（2013年3月22日，王新摄于北京於崇文家中）

於崇文向采集小组成员王新介绍历史材料情况
［2014年3月11日，杜新豪摄于中国地质大学（北京）於崇文办公室］

序

九十岁，差十年一个世纪。一个人能够活到九十岁，我觉得还是很幸运的。听到领导还有许多老同学、老同事对我的评价，我觉得产生了一个问题，就是把我放大得太多了。其实，很多话我承受不起，是溢美之词，我实际上是一个很普通的人。

我一生没做过什么官，只做了一小段时间的教研室主任，只是一介布衣，一个真正的老百姓。大家给我这么多的赞美，分量太重。我这一生只是做了自己应该做的事情，我曾跟我的学生说：回顾我的一生，别的都让别人来说，我自己可说的一句话就是"我没有偷懒"。我能力有限，但我尽我的所能去做，这一点到今天还是觉得没有过分的。

我的同事送我一个纪念品，我很喜欢，是两把红木做的尺子，上面是屈原《离骚》里的两句话：路漫漫其修远兮，吾将上下而求索。这是我的座右铭，我的一生也是按照先贤的教导做的。在西南联大读一年级的时候，我的一位地质学前辈说："地质科学是不科学的科学。"这是我当学生时在地质系听到的第一句话，我当时还不能理解，怎么会有一门科学是不科学的科学呢？就是这一句话决定了我一生的走向。这条路一直走到今天，我希望以后还能有人接着走下去。

我上大学的时候是学分制，可以有很多选修课，我在数学、物理、化学等方面比别的同学多学一点。毕业以后，我想方设法把基础科学跟地质科学相结合，并一直向着这个方向走，后来逐渐形成了比较明确的思路。

地质学真正成为科学是在 15 世纪，不是起源于我们国家，但是我们国家的地质知识发源得非常早。我们的祖先早就已经在生活中利用地质的一些知识。例如，我前些年在云南省个旧市的锡矿看到，老百姓背着背篓挖锡矿，他们能分得清哪些是矿，有些矿现在看起来还能冶炼，说明这个知识早就有了。我国古代地质知识比较发达的是春秋、战国时期，以及宋代、明代时期，但是地质学这门学科，我们是引进的。我们是地学大国，现在要变成地学强国。究竟怎么去变？这是需要我们大家去努力奋斗的。

我一辈子走了这么一条路，就是把基础科学跟地质科学结合。这条路确实不好走，我不能说自己做了太多的工作，只能说我力所能及地做了一些事情，还有更多需要大家去做。

我在复杂性研究这一方面走到哪个地步了呢？我很想让年轻的同志知道，因为在我的认识里以及从国际文献了解的情况来看，用复杂性科学研究地学的不是没有，但是在矿藏成因、找矿理论方面还是极少的。我们国家过去吃过亏，有很多学者，比如生物学学者，在自己的研究领域里早就处于国际前沿，但由于客观条件的限制，没有产生大的影响。现在发现，我们的生物学家几十年前已经做过的工作，如今在国际上又很新鲜。我们的老百姓的聪明才智是很高的，而且非常努力，所以我觉得我们应该增强信心，要做一个"中国梦"。从我们现在承担的任务来讲，要做出新的成绩，要昂首阔步向前进。

我还要表示感谢，在座的除了有一少部分是年纪比较轻的同志，大部分都是六十岁以上。我们能够在这么一个场合有一个聚会，实际上是温故而知新。我们过去是怎么走过来的？实际上对我们大家来讲是非常复杂的一段历史，这里面我是全都经历了。以后怎么走？我觉得国家正在走向复兴之路。"复兴"这两个字对于我们年纪大的人来讲，分量非常重，因为过去一百多年我们受到帝国主义的侵略，始终没有翻身，现在经过我们党和国家这么多年的努力，才逐渐走向复兴自强。我们中国人应该更有信心，相信我们国家会越来越好，会发展得更加先进，这就有待于我们大家去努力。

最近有时我也感觉到，工作虽然还在做，但是已经比较吃力了。不过看到我们国家光明的前途，我又充满了信心。因为不能光看到我自己，还要看到大家，更要看到年轻的一代。我力所能及地做些事情，让年轻人有信心、有力量，这就是我以后的一个愿望。

2013年11月3日，於崇文在其九十华诞庆典活动上的发言

目　录

老科学家学术成长资料采集工程简介

总序一 ························· 韩启德

总序二 ························· 白春礼

总序三 ························· 周　济

序 ··························· 於崇文

导　言 ···························· 1

| 第一章 | 无忧的童年 ··················· 7

　　出生在上海的宁波人 ················· 8
　　其乐融融的大家庭 ················· 13

| 第二章 | 西式的中小学教育 ················ 18

　　华童公学的启蒙教育 ················ 18

澄衷中小学的全面教育 ………………………………… 21
　　入读南洋中学 …………………………………………… 25

第三章 | 颠簸求学路 … 31

　　辗转八省投考大学 ……………………………………… 31
　　西南联大的艰苦岁月 …………………………………… 38
　　清华服务社锯木厂打工 ………………………………… 41
　　亲历"一二·一" ……………………………………… 44
　　转学地质学 ……………………………………………… 46

第四章 | 步入教学生涯 … 56

　　留任北京大学地质系助教 ……………………………… 56
　　憾失留苏机遇 …………………………………………… 60
　　转至北京地质学院 ……………………………………… 63
　　"两位仁杰" …………………………………………… 67
　　"三驾马车" …………………………………………… 70
　　组建家庭 ………………………………………………… 75

第五章 | 历经波折 … 79

　　思想改造与转变 ………………………………………… 79
　　"这样批评是不是恰当？" …………………………… 82
　　"五七"干校与地质训练班 …………………………… 88

第六章 | 八年磨一剑 … 95

　　将多元分析融入地质科学 ……………………………… 96
　　引进数学地质理论与方法 ……………………………… 98
　　推动地球化学与国际接轨 ……………………………… 102

| 第七章 | 转战南岭 ······ 111

    领命总指挥 ······ 111
    专业大练兵 ······ 114
    突出的战绩 ······ 119
    理论的深化 ······ 123

| 第八章 | 登高望远 ······ 129

    当选院士 ······ 129
    研究转向 ······ 133
    攀登不息 ······ 136

| 第九章 | 做一辈子老师 ······ 140

    躬耕教坛甘为人梯 ······ 140
    心系科技教育改革 ······ 147
    上下求索锲而不舍 ······ 148

结　语 ······ 152

附录一　於崇文年表 ······ 156

附录二　於崇文主要论著目录 ······ 174

参考文献 ······ 178

后　记 ······ 181

图片目录

图 1-1　20 世纪初渐趋兴盛的杨树浦 …………………………………… 8
图 1-2　修于清同治元年的《大碶灵岩於氏房谱》 ……………………… 11
图 1-3　《大碶灵岩於氏房谱》标注的於氏家族生活的横河区域 ………… 11
图 1-4　於崇文镇海老家 …………………………………………………… 13
图 1-5　1999 年 9 月 16 日，於崇文与夫人蒋耀淞回到阔别已久的宁波老家 …………………………………………………………………… 13
图 1-6　1959 年，母亲方素菊六十寿辰留影 ……………………………… 14
图 1-7　1950 年，於崇文与家人合影 ……………………………………… 15
图 2-1　澄衷中小学 1906 年第一学期课程表 …………………………… 24
图 2-2　於崇文就读时期的南洋中学校门 ………………………………… 26
图 2-3　1943 年，同学章福民在毕业纪念册上对於崇文的印象评述 …… 29
图 2-4　1943 年，南洋中学毕业生纪念册所载於崇文照片 ……………… 29
图 2-5　於崇文在高中毕业纪念册上填写的"八最" ……………………… 30
图 2-6　2019 年 10 月 30 日，於崇文给南洋中学的题字 ………………… 30
图 3-1　2013 年 12 月，於崇文参观"科技梦·中国梦——中国现代科学家主题展" ……………………………………………………… 36
图 3-2　1944 年《国立中央大学校刊》刊登的新生录取名单 …………… 38
图 3-3　西南联大校门 ……………………………………………………… 39
图 3-4　1944 年，於崇文在西南联大 ……………………………………… 41
图 3-5　1947 年，北京大学地质系师生合影 ……………………………… 49
图 3-6　於崇文北京大学学生历年成绩表 ………………………………… 50
图 3-7　1949 年，北京大学地质系师生在门头沟野外地质实习留影 …… 52
图 3-8　北京大学地质系 1950 届学生北戴河野外地质实习合影 ………… 53
图 3-9　1998 年，於崇文和部分同学在西斋宿舍门前合影 ……………… 54
图 3-10　1998 年，於崇文和杨起院士参加北京大学百年校庆活动 ……… 55

图 4-1	1950 年，於崇文刚工作时的证件照	57
图 4-2	1951 年，於崇文带领学生去野外实习	57
图 4-3	1950 年 10 月，北京大学教职员聚集在一起签名拥护各党派联合宣言	58
图 4-4	1951 年，於崇文指导朝鲜学生矿物学实习	59
图 4-5	1952 年，孙云铸对於崇文工作考绩评语	60
图 4-6	1952 年选拔留苏预备生统一考试报考登记表和政治审查表	62
图 4-7	於崇文编著的《矿物学》教材	65
图 4-8	於崇文在《矿物学》教材中手绘的分子结构模型	66
图 4-9	1961 年 12 月，地球化学及地球化学探矿教研室全体教员合影	71
图 4-10	1962 年 7 月 28 日，地球化学及地球化学探矿专业首届毕业班师生合影	71
图 4-11	地球化学教研室的"三驾马车"	72
图 4-12	《地球化学》封面	72
图 4-13	1957 年，於崇文与蒋耀淞结婚照	75
图 4-14	1959 年，於崇文夫妇和母亲在一起	75
图 4-15	1999 年，於崇文与蒋耀淞在宁波天一阁藏书楼	77
图 4-16	2004 年，於崇文一家合影	77
图 4-17	2003 年，於崇文与蒋耀淞在浙江绍兴兰亭	78
图 5-1	1958 年 12 月，於崇文在青海东部湟源县进行铁矿考察	85
图 5-2	1966 年 3 月 15 日，331 工作队在陕西永乐店合影	87
图 5-3	1966 年 3 月 23 日，於崇文在陕西高陵参加八省化探座谈会	87
图 5-4	1971 年 11 月，地质训练班首届工人学员毕业留念	92
图 5-5	1972 年 10 月，冶金部地球化学探矿学习班留影	93
图 6-1	於崇文使用计算机分析数据	99
图 6-2	1975 年 12 月 30 日，冶金部第二期电算学习班结业合影	100
图 6-3	《数学地质的方法与应用：地质与化探工作中的多元分析》封面	101
图 6-4	武汉地质学院学术委员会主任池际尚对於崇文晋升教授的学术评价	103
图 6-5	1987 年，美国地球化学家 P. J. Ortoleva 受於崇文邀请在中国地质大学作学术报告	104

图 6-6	1988 年，於崇文和 P. J. Ortoleva 在加州大学圣巴巴拉分校合影 ········· 105
图 6-7	1999 年，於崇文在英格兰康沃尔郡的多金属矿场考察 ········· 105
图 6-8	1999 年，於崇文在美国加利福尼亚州考察地震断层 ········· 105
图 6-9	1999 年，於崇文在英格兰高岭土矿床考察 ········· 106
图 6-10	1984 年 10 月 9 日，全国勘查地球化学找金学术会议代表留影 ········· 107
图 6-11	1984 年，全国高校地球化学专业教材编审委员会代表合影 ········· 107
图 6-12	1988 年，全国地球化学专业课程教学指导委员会代表合影 ········· 109
图 6-13	1990 年 11 月 2 日，於崇文在第四届全国勘查地球化学学术讨论会上作学术报告 ········· 110
图 7-1	武汉地质学院关于推荐於崇文为南岭项目负责人的函 ········· 112
图 7-2	於崇文《南岭区域地球化学专题研究设计书》手稿 ········· 113
图 7-3	1986 年 1 月，南岭项目成果评审会代表合影 ········· 121
图 7-4	1986 年，於崇文在南岭项目评审会上作汇报 ········· 122
图 7-5	"南岭地区区域地球化学"获得地质矿产部科研成果一等奖的证书和奖章 ········· 122
图 7-6	1988 年，於崇文获得 1988 年国家科学技术进步奖二等奖 ········· 123
图 7-7	1982 年 11 月 9 日，於崇文在武汉地质学院第十届科学报告会上作报告 ········· 125
图 7-8	於崇文《云南个旧锡－多金属成矿区内生成矿作用的动力学体系》手稿 ········· 126
图 7-9	《云南个旧锡－多金属成矿区内生成矿作用的动力学体系》获第五届全国优秀科技图书二等奖 ········· 127
图 7-10	2003 年，"成矿作用动力学"获国土资源科学技术奖二等奖 ········· 128
图 8-1	1995 年，於崇文当选中国科学院院士证书 ········· 130
图 8-2	1995 年 11 月 17 日，庆祝於崇文当选中国科学院院士留影 ········· 130
图 8-3	1990 年 12 月，於崇文荣获国家教育委员会颁发的荣誉证书 ········· 131
图 8-4	1991 年 10 月，於崇文获得国务院颁发的政府特殊津贴证书 ········· 131
图 8-5	1991 年 10 月，於崇文荣获第二届李四光地质科学奖 ········· 131
图 8-6	2005 年 8 月 18 日，"中国科学技术自主创新：问题与对策"研讨会代表合影 ········· 132

图 8-7	2010 年 12 月，两院资深院士联谊会理事会扩大会议留影	133
图 8-8	於崇文《矿床在混沌边缘分形生长》手稿	137
图 8-9	2007 年，《矿床在混沌边缘分形生长》获第一届中国出版政府奖图书奖提名奖	138
图 9-1	1998 年，於崇文在江西弋阳县考察周潭-洪山剖面	142
图 9-2	1997 年，於崇文与研究生在武昌森林公园内畅谈	145
图 9-3	1990 年，鲍征宇博士论文答辩会合影	145
图 9-4	於崇文九十华诞庆典时在学生们为其写的祝愿语墙前	146
图 9-5	於崇文在武汉磨山《离骚》碑前	149
图 9-6	於崇文手书"学习思考，锲而不舍；探索创新，攀登不息"	149
图 9-7	2005 年 8 月，於崇文在广西栗木矿井中考察	150
结语-1	翟裕生夫妇敬贺於崇文九十华诞时对其评价	155

导 言

人类对地质现象的观察和描述有着悠久的历史，中国古代地质知识的兴盛期是春秋、战国时期以及宋、明两代。中国的现代地质科学是18世纪中期从西方引进的，新中国成立以来我国的地质科学获得了长足的发展，为国家的经济建设和社会进步作出了重大贡献。

在中国的现代地质科学家中，有这样一位研究者，他默默无闻、锲而不舍，毕其一生功力做的一件事就是将化学、数学、物理学、复杂性科学与地质科学相结合，促进地质科学由唯象科学向精确科学发展。他便是我国地球化学动力学家、中国科学院院士於崇文。

1924年2月15日，於崇文出生于上海，祖籍浙江宁波。曾就读于聂中丞华童公学、澄衷中小学、南洋中学。1944年考入国立西南联合大学机械工程系，后转入北京大学地质系，毕业后留北京大学地质学系任教。1952年全国院系调整，参与组建北京地质学院（中国地质大学前身），是该院校的创始人之一，此后，长期在该校从事地球化学专业的教学与研究工作。曾任地质矿产部科学技术高级顾问，国土资源部地质调查局顾问，地质过程与矿产资源国家重点实验室顾问，中国矿物岩石地球化学学会常务委员、顾问等。1995年当选为中国科学院院士。

在教学工作中，20世纪50年代，於崇文在国内较早开设了地球化学课程，并主讲了结晶学、矿物学、数学地质等课程，筹建了地球化学与地球化学探矿专业，为创建和发展我国的地球化学学科作出了重要贡献。作为一名地质教育家，於崇文躬耕教坛，甘为人梯，培养了一大批德才兼备的优秀人才，其中许多人如今已经成为相关领域的科技领军人才、学术带头人和科研骨干，为国家培养高级专业人才作出了突出贡献。

在学术研究上，他潜心地学基础理论研究，长期致力于地质过程定量化、成矿系统动力学、地球化学动力学、地质－地球化学系统复杂性及非线性动力学机理研究，先后开辟和发展了五个创新的学术领域——地质－地球化学中的多元统计分析、区域地球化学、成矿作用动力学、地质系统复杂性、成矿系统复杂性。

在地质科学中的多元统计分析方面，20世纪70年代，於崇文运用多元统计分析研究多组分、多因素地质－地球化学系统的数值和几何学特征，并用随机过程马尔可夫过程（Markov process）研究地质－成矿过程，用随机场理论地质统计学研究地质－地球化学场。编写了《数学地质的方法与应用：地质与化探工作中的多元分析》一书，为国家培养了大量数学地质骨干和专门人才，对于我国地质科学从定性到定量、从确定性到概率性、从一元分析到多元分析、从观测描述到计算机模拟实验的发展起了重要的推动作用。

在区域地球化学方面，20世纪80年代初，他运用非平衡、不可逆过程热力学研究成岩成矿过程，并以非线性、非平衡热力学中的耗散结构理论为基础，提出了一种区域地球化学理论，进行南岭地区区域地球化学研究，专著《南岭地区区域地球化学》于1987年出版。该成果为阐明金属成矿学、历史地球化学和区域地球化学之间的内在联系提供了新的启示，开拓了新的领域并展示了新的前景。

在成矿作用动力学方面，他提出了"广义地球化学动力学"的新定义，并在我国率先将其引入矿床成因和成矿规律研究，开创了成矿作用动力学研究的新方向。将矿床成因机制研究从静止封闭和定性的情态提升到动力学的开放、定量的领域和方向。20世纪80—90年代，在我国南岭和扬子古陆周缘地区的七个矿集区完成了多项国家研究项目，取得了一系列的研究成果。出版《云南个旧锡-多金属成矿区内生成矿作用的动力学体系》《热液成矿作用动力学》《成矿作用动力学》，发表论文数十篇。

20世纪90年代初，於崇文提出了"地质系统复杂性"的命题，认为地质科学的基本问题是地质系统的复杂性，以其提出的"地质作用与时－空结构是一切地质现象的本质与核心"的自然哲学理念为立足点，根据复杂性科学中的自组织临界性和混沌边缘等理论提出了一种地质科学的复杂性理论"地质作用的自组织临界过程动力学——地质系统在混沌边缘分形生长"和相应的方法论，对从重大基础地质问题中凝练出的基础理论问题进行了系统和深入的剖析，出版了《地质系统的复杂性》。固体地球系统的复杂性和自组织临界性命题的提出，对地质科学的研究产生了重要影响。

世纪之交，於崇文提出了"成矿系统复杂性"的命题，将非线性科学和复杂性理论与矿床地质、地球物理、地球化学相结合，在大量实践的基础上，提出了"矿床在混沌边缘分形生长"的成矿系统复杂性理论，系统地研究成矿的发生、驱动力、动力学机制和时空结构与定位，用于多个地区多种矿床类型的成矿系统复杂性研究，取得了显著效果，将矿床学研究进一步从动力学上升到非线性科学和复杂性理论的层次。2006年出版的专著《矿床在混沌边缘分形生长》，是国内外以成矿作用为主题，系统研究和介绍非线性成矿学和成矿复杂性理论的第一部专著。2009年出版了《南岭地区区域成矿分带性——复杂成矿系统中的时-空同步化》，进一步深化了其成矿系统的复杂性理论。

於崇文勤于思考、辛勤耕耘，九十岁高龄仍然坚持在科研第一线，和他的研究团队继续运用复杂性理论和方法进行区域与深部地球动力学及成矿系统复杂性研究，为发现新的矿产地、为危机矿山寻找后续资源而努力。

於崇文治学严谨、勇于探索创新，发表论文60余篇，出版专著9部，编写教材1部，培养研究生30多名。曾获国家科学技术进步奖二等奖，第一届中国出版政府奖图书奖提名奖，全国优秀科技图书二等奖，地质矿产部科研成果一等奖1项、二等奖4项，李四光地质科学奖，国家教育委员会颁发的荣誉证书，以及中国地质学会颁发的《地质学报》1982—1992

年优秀论文奖等奖项。

　　於崇文学术思想活跃，态度严谨，学识渊博，在科学研究工作中不断创新与开拓，是一位在国内外享有盛誉、学术造诣很深、在地球化学界卓有贡献的学术带头人。他的部分研究成果至今仍处于国际前沿，在国内外占领先地位，尤其是他提出的地球化学理论体系与方法论，对于发展地球化学具有深远意义。因杰出的学术成就，他曾三次入选英国剑桥国际传记中心的世界名人录。

　　於崇文淡泊名利，严于律己，待人以诚，不仅学问做到很高的境界，做人也有很好的口碑。从他身上折射出的是一种真正的学者精神——不求闻达、甘为人梯、上下求索、锲而不舍、勇于创新、攀登不息。

　　2012年，中国科学技术协会启动了"於崇文院士学术成长资料采集项目"，由"於崇文院士学术成长资料采集小组"承担。采集小组的主要成员均具有科技史专业背景，对于科技史、口述史等具有一定的研究积累。同时，於崇文院士的秘书刘宁强也作为采集小组成员，协调各方面事务，为采集工作的顺利开展提供了便利。

　　从2012年10月份开始，采集小组先后到访中国地质大学（武汉）、中国地质大学（北京）、浙江宁波镇海籍院士纪念馆、国家图书馆等进行资料采集，获得了大量的线索和材料，包括於崇文院士的人事档案、科研档案等，为本传记的撰写提供了翔实的资料基础。采集小组对於崇文院士先后进行了6次直接访谈，获得了宝贵的口述资料。采集过程中，适逢於崇文院士九十华诞。采集小组参与了北京和武汉的两场庆典活动及座谈会，活动中结识了於院士的多位同学、同事以及学生，获得了丰富的采访资料，从多角度了解他在工作和生活中的事迹。

　　本书以学术传记为主，介绍於崇文的求学经历、从教生涯以及学术思想的形成和发展，其中，穿插讲述了对於崇文影响较大的历史事件，直接相关的校史、学科史等内容，力求在记述他学术生涯的同时尽可能留存一些比较有价值的相关史料。

　　中国近现代科技史家樊洪业先生曾言，"历史因细节而生动，往事因亲历而鲜活"。在传记成文时，我们注重使用档案、日记、报刊和照片等能够呈现历史细节的资料，也侧重使用加以考证后的亲历者的口述文字资料，力求传记内容客观、真实而又不失生动、鲜活。

目前，学术界研究於崇文的学术和思想的资料不多，仅有数篇有关於崇文的短篇小传见诸合集、报刊、网络，这些文章有些概述了於崇文的经历，但是并不全面。於崇文本人曾写过一篇自述，载于《20世纪中国知名科学家学术成就概览·地学卷·地质学分册（二）》，虽然文章只有1.6万字，但全面扼要地介绍了他的求学经历和学术研究情况，是有关於崇文院士学术成长过程的最翔实、最权威的描述。本传记参考了该文章的框架，并补充了采集到的各种资料，以於崇文院士的学术成长经历为主线，重点介绍了其中的关键节点和重要事件，以期真实反映他的学术思想的产生、形成与发展的过程。

本传记分为九个部分。第一章介绍於崇文的童年时光，包括其家庭背景和生活环境。第二章介绍於崇文受到的西式启蒙教育和扎实的中小学基础教育。第三章介绍於崇文在战争期间的求学经历，讲述了他高中毕业后辗转求学，考取国立西南联合大学，以及在大学里更易专业，最后确定了地质学方向。第四章讲述於崇文大学毕业后留校任教，开启了他长达七十年的教学生涯，以及参与筹建北京地质学院，成为中国地质大学的创始人之一。第五章讲述於崇文在政治运动中历经波折，但仍然乐观对待，坚持做好自己的分内工作。第六章讲述於崇文将精力转向科学研究工作，探究数学地质的理论与方法。第七章介绍於崇文带领武汉地质学院的一百多位师生投身"南岭大会战"，提出了一种区域地球化学理论，开拓并发展了区域地球化学分支学科。第八章介绍於崇文提出的地质系统复杂性理论，将研究重点从成矿作用的非线性动力学向成矿系统的复杂性拓宽和深化，逐步构筑起地质与成矿系统复杂性研究的平台，为证明"地质科学是科学的"而不懈努力。第九章主要讲述於崇文在从事地质教育事业七十年的历程里，展现的崇高品德，取得的卓越贡献，体现出他"路漫漫其修远兮，吾将上下而求索"的人生境界。

本传记力求完整地记述於崇文的学术成长经历，展现一名科学教育工作者不懈奋斗的一生。

第一章
无忧的童年

> 我从小生活在一个不愁吃穿、生活比较优裕的小资产阶级家庭里，我在兄弟姐妹中是年龄比较小的一个，父母对我照顾得比较多些。在这样一个家庭里，我是万事顺心、无忧无虑地生活着，满足于家庭小圈子的生活，除了好好读书以外，别无他求。①

这是於崇文于1953年写的《我的自传》中的一段话。那年，年近三十岁的他回忆起童年时光，感触最多的就是"万事顺心、无忧无虑""除了好好读书以外，别无他求"。20世纪30年代的上海，正值国难当头，社会动乱，民众生活疾苦。然而，父母的关爱以及努力营造出的宽松、自由的家庭环境，让於崇文度过了一个无忧的童年，也造就了他以后开放的学术视野和宽厚待人的人格魅力。

---

① 於崇文人事档案：我的自传，1953年6月8日。存于中国地质大学（武汉）档案馆。

出生在上海的宁波人

1924年2月15日,农历正月十一,於崇文出生在上海市虹口区杨树浦路华忻坊一户普通的工人家庭。父亲在当地一家日营纱厂从事会计工作,母亲最初也是那家纱厂的一名普通女工,后来在家操持家务。农历的新年还没有过完,这一男丁的出生又为於家增添了一抹喜气。

於崇文在兄弟姐妹中排行第四,上面有两个哥哥和一个姐姐。小学文化程度的父亲,希望孩子们长大后能够有一技之长,为两个哥哥起名"崇实""崇业",认为从事"实业"会有出息。父亲为他起名叫"崇文",乳名"坤良",希望他将来能够从文,做个优秀的文人。

当时的上海已经完成了从开埠之初的小渔村向现代大都会的转变,特别是於崇文一家所在的杨树浦地区,以拥有众多纱厂而闻名,工厂林立,人口密集,是当时"工业杨浦"的典型缩影。

图1-1 20世纪初渐趋兴盛的杨树浦

杨树浦路始建于 1869 年（清同治八年），最初由上海公共租界工部局规划辟筑，是上海最早的马路之一，也是杨树浦区第一条近现代意义上的城市道路。杨树浦路是一条与黄浦江近乎平行的马路，与租界金融和商业中心连接，为工厂的兴建奠定了良好的基础。随着甲午战争的失败，外商在华设厂合法化，外国人相继涌进杨树浦路沿线开办工厂。1913 年，杨树浦路已有造纸厂、水厂、纱厂等 20 余家外商创办的工厂，并迅速发展。[①]至 1937 年，杨树浦地区有 57 家外商工厂，达到了高峰，其中比较有名的有日商开办的裕丰、大康、公大等 17 家纺织厂和 4 家冶金厂，英商开办的马勒等造船厂 3 家、怡和等纺织厂 6 家、正广和汽水厂等轻工业厂 14 家，美、德等商人也开办了 10 家工厂。同一时期，杨树浦区的民族工业也发展到了 301 家，其中轻纺工业已具相当规模，拥有织布机 2 万台，纺锭数占全市的 45.4%。[②]

相比国内大多数城市甚至是上海的其他地区，20 世纪 20 年代初的杨树浦一带已经算得上是工业社会。陈独秀创办的《新青年》曾发表《上海劳工状况》一文，其中描述道："近年来上海的工厂，一天发达一天了。其中纱厂为最多数，那贫民的生计，便因此一振。杨树浦一带，竟可称他为一个工业社会。"[③]

随着杨树浦地区逐渐繁荣，19 世纪末开始，从江、浙、皖农村来此谋生的贫苦农民逐渐多了起来。据 1896 年工部局统计，仅杨树浦路的 8 家工厂的雇工就有一万多人，连同附近工厂在内，工人达两万五千人。[④] 围绕杨树浦路也慢慢形成了大片的工人居民区，於崇文的童年就在这样的居民区度过。

於崇文虽然出生在上海，但他一直强调自己是浙江宁波人。确切地说，他的老家是在浙江省宁波市镇海区大碶头镇横河乡马头墙村，当地很早就集中住着一部分於姓人。

[①] 苏智良，姚霏，江文君：《上海城区史》。上海：学林出版社，2011 年，第 351 页。
[②] 李晓栋：《沪东风云》。上海：上海交通大学出版社，2017 年，第 37 页。
[③] 李文海，夏明方，黄兴涛：《民国时期社会调查丛编：城市（劳工）生活卷（下）》。福州：福建教育出版社，2014 年，第 58 页。
[④] 许云倩：《雕栏玉砌应犹在》。上海：百家出版社，2010 年，第 5 页。

据於氏族谱记载，於姓最初起源于今河南中部，主要出自姬姓，是黄帝的后裔。《世本》上曾有记载，黄帝时有臣子发明了用麻编织的鞋子，结束了古人光着脚的历史，因功大被封于於（今河南内乡），称为於则。於则的子孙后代以封地为姓，称为於氏。通常认为，於则是於姓的始祖。①

於姓早期主要活动于河南、山东、陕西等地区。后来随着战争、仕官、经商等原因，逐步向周边地区扩散，并在京兆郡、广陵郡形成郡望②。江浙一带的於姓人氏就是由广陵郡扩散而至。

根据现存的史料《助田碑》记载，灵岩於氏始祖润公公由慈溪迁徙至奉化经商卖盐再定居到镇海（今属北仑）大碶横河，到了启咸公生一代，又生五子，早逝一子，剩下四子。然后在为辈字分房，分了四房，亦称四份潭，由此，该支有了四份潭之说。③ 由此可知，於崇文的祖辈是因经商扩散到的宁波。

素有"浙东门户"美誉的宁波，自古为物华天宝、人才荟萃之地。宁波是著名的"院士之乡"，截至2023年，宁波籍院士达120人，位居全国第一。宁波素有经商传统，走出过一大批商贾巨子，但据於崇文回忆，家中除了大伯父曾是清代的一名举人外，似乎没有其他显赫的人物了。於崇文的祖父是个忠厚老实的农民，一辈子靠种地为生，膝下育有五个儿子和一个女儿，於崇文的父亲排行第四。於崇文的父辈们没有继续面朝黄土背朝天的农民生活，在那个"无宁不成市"的年代，在上海工业快速发展的虹吸效应下和旅沪移民潮的裹挟中来到了与之一江之隔的上海，寻求发展。

上海开埠后逐渐成为全国的贸易、金融、工业中心，商业贸易的发展带来的机会使各地移民纷纷涌来。据统计，1927年上海人口约264万，其中的宁波人为40余万，约占上海总人口的六分之一。1948年上海解放前

---

① 另有一说源于古代的复姓。见：於祥玉，《中华於氏家谱》。

② 郡望即郡中之望族，或郡中的显贵姓氏。姓氏中的郡望，不仅是该姓发祥地的标记，也是氏族人口、经济实力、政治地位与文化影响力等综合族力的反映。

③ 朱立奇：北仑籍院士於崇文的乡愁或许是这本厚重的家谱。《宁波晚报》，2022年6月16日。

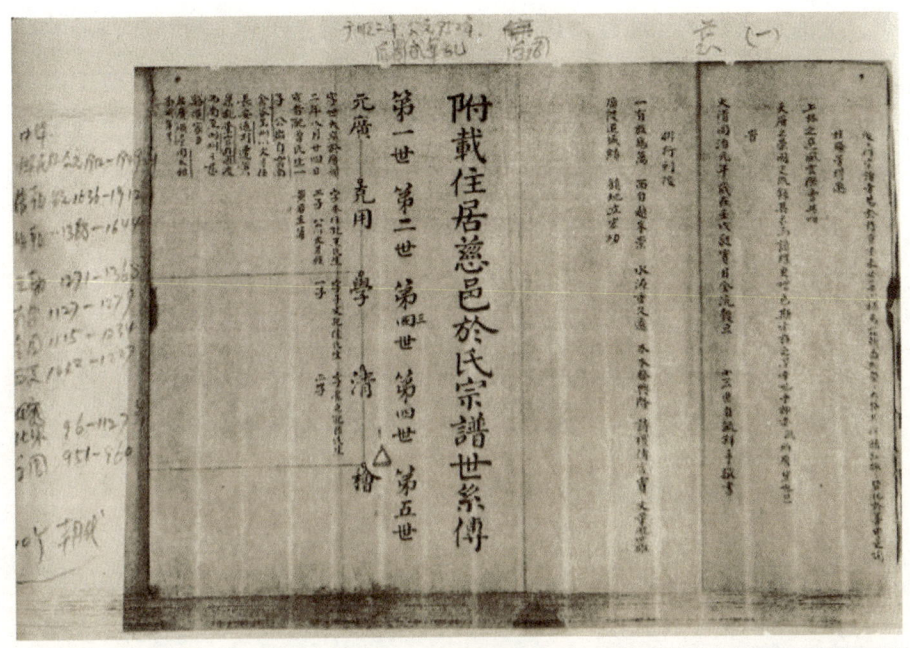

图 1-2 修于清同治元年（1862年）的《大碶灵岩於氏房谱》

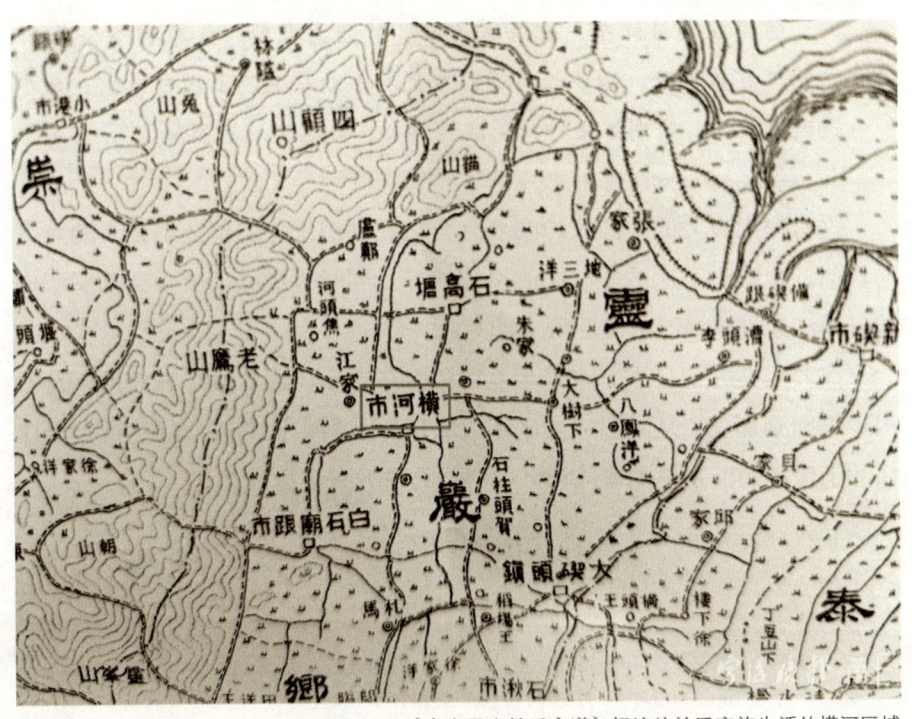

图 1-3 《大碶灵岩於氏房谱》标注的於氏家族生活的横河区域

第一章 无忧的童年

夕，上海总人口约498万，其中宁波人约100万，达到上海总人口的五分之一。据1936年出版的《上海工商人名录》，当时上海的1836位工商界名人中，宁波籍人士就有453人，占四分之一。[①]宁波人在上海发展中的地位由此可见一斑。

於崇文的父辈们就是在这次移民潮的裹挟下来到沪上的。

> 上海的开放跟宁波也有很大关系。宁波有很多人经商，离得很近，很多人到上海找工作。上海话里有很多是宁波话的说法，也是这个原因。我家也是一样的，并且是整个家族包括旁系，都是从宁波过去的。[②]

於崇文的父辈们是怎样负载乡情揖别故土，以及如何在上海立足和发展，我们可以从宁波旅沪同乡会的会歌中感觉一二。

> 通商互市甬江东，航海达吴淞；货殖竞豪雄，最难神圣合劳工；四明二百八十峰，潮汐蛟门涌；地灵人杰众梓桑，恭敬乡情重；云水逢迎交谊通，霸图继文种；大隐仰黄公，我思先正有高风。[③]

这首铿锵有力的宁波旅沪同乡会会歌，唱出了外出创业宁波人的豪迈与自信，也唱出了旅沪宁波人的桑梓情怀，同时也描绘了於崇文的父辈们跨过甬江来到上海寻求发展的生动画面。

在於崇文的记忆里，除了八岁那年曾在老家待过一段时间之外，自己很少再回到那里。从其后来的学术成长经历来看，他的成就仍然得益于这块故土传承的浙东学术遗风和世代倡导的重教兴学之风。

[①] 裘争平：无宁不成市——宁波人在上海.《上海文博论丛》，2008年第3期，第87页。
[②] 於崇文访谈，2013年12月6日，北京。资料存于采集工程数据库。
[③] 李瑊：《上海的宁波人》。北京：商务印书馆，2017年，第1页。

图1-4 於崇文镇海老家（於崇文摄于1999年9月16日）

图1-5 1999年9月16日，於崇文与夫人蒋耀淞回到阔别已久的宁波老家

其乐融融的大家庭

於崇文对祖父母和外祖父母的印象比较模糊，家人中对他影响最大的是父母，其次是兄弟姐妹。

第一章　无忧的童年

图1-6 1959年，母亲方素菊六十寿辰留影

於崇文的父亲於淮山（1895—1947），自号仰峰，生于浙江省宁波市镇海县。於淮山小学没有毕业便随着家人一起来到上海。他靠着自己的精明能干，很快就进入一家日营纱厂从事会计工作，一干就是三十年，曾升至商务科主任。母亲方素菊（1899—1988），最初也是纱厂的一名普通女工，后来在家操持家务。在於崇文的印象中，母亲慈善贤良、勤劳朴实、任劳任怨，由于於家子女众多，她每日要为孩子们洗衣做饭，打理家中所有日常琐事，终日忙碌，从不得闲。

於崇文兄弟姐妹共七人，大哥於崇实（后改名於凌霄）、二哥於崇业、大姐於含芳、大妹於含芸、二妹於含苓、弟弟於坤瑞。

於崇文记得，小时候上海的纱厂特别多，周围很多人，包括自己的父母都在纱厂工作，平常一起玩耍的伙伴也都是周边纱厂工人的孩子。据统计，1929年4月—1930年3月，"有职业者男子以业棉纺机器棉织为最多，女子以业棉纺棉织缫丝为最多，纺织从业率为60.26%"。[1] 在纱厂工作虽然是有了饭碗，但收入并不可观，"平均每家年正式收入416.51元，其中工资收入占87.3%；年正式支出454.38元，收支不敷37.87元；支出中食物占53.2%，房租8.3%，衣着7.5%，燃料6.4%，迷信、嗜好、教育等其他各项占24.6%"。[2]

於崇文的父亲在纱厂做会计，算是稍高级别的职员，收入相对高一些。因此，於崇文小时候家里的境况尚可，但是随着弟弟妹妹们的出生，家里的生活负担加重。好在哥哥姐姐们差不多也已成年，等到弟妹们上学的时候，两个哥哥已经工作了，有了工资可以贴补家里，供弟妹们上学。

当时在上海的工人家庭里，像於淮山一家这样不愁吃穿，孩子们还有学上，是很少见的，於崇文因此非常敬佩父亲。文化程度不高的父亲，从

---

[1] 上海市社会局：《上海市工人生活程度》。北京：中华书局，1934年，第80页。
[2] 张剑：二三十年代上海主要产业职工工资级差与文化水平。《史林》，1997年第4期，第80-88页。

自己辛苦打拼的过程中深深懂得，在上海没有一技之长很难立足，因此他尽自己所能，让每个孩子都走进学校学习知识。"父亲文化程度不高（小学程度），虽然他的薪金收入不算很多，但是他供我们兄弟几个都上了大学，并以此自傲。"①

　　父亲於淮山勤苦耐劳，工作之余也经常陪伴兄弟姊妹学习和娱乐。父亲也有自己的爱好，特别是音乐和书法。父亲擅长吹长箫，有时候高兴了就拿起长箫吹几首曲子给大家听。父亲还喜欢收藏书法作品，他不光自己练习书法，还督促於氏兄弟姊妹临摹习字。90岁的於崇文回忆起父亲教他习字的情景，依然历历在目。

　　在於崇文的记忆里，父母非常开明，对子女以说教为主，很少打骂，甚至连偶尔的责怪都会小心翼翼。父母虽然疼爱孩子，但从不溺爱，有一次於崇文就受到了批评。1932年，上海"一·二八"事变爆发，为躲避战火，8岁的於崇文跟随父母回到浙江镇海老家。有一天，父亲带他去地里

图1-7　1950年，於崇文（后排右3）与家人合影（二排左4为母亲方素菊）

---

① 於崇文人事档案：我的自传，1953年6月8日。存于中国地质大学（武汉）档案馆。

第一章　无忧的童年

收割芝麻。芝麻成熟以后,"嘴"都是张开的,在搬运芝麻秆时要尽量将"嘴"朝上,轻拿轻放,以免芝麻被抖掉。於崇文搬运芝麻秆时很不经心,受到了父亲的责备。父亲对他说:"搬运芝麻秆这件事,你可以不做,既然选择了做这个事情,就一定要把它做好。"父亲的一席话,一直印记在於崇文的脑海里,他时刻告诫自己选择做的事一定要用心做,并且必须坚持做好。

於崇文父母对子女的教育松弛有度:"上课的时候一定要认真听讲,按时完成作业,课外的时间则不做要求,可以自由支配。只要不越轨,父母也不加干涉。"正因为如此,於崇文爱好广泛,打球、玩铃角、踩高跷、玩空竹等,是他课外时间的主要活动。由于父母的疼爱与不加约束,於崇文的童年无拘无束,他也因此非常感激父母。"除了个人得失和家庭琐事,我可以说是不闻外事。我要深深地感谢我的双亲,由于他们的厚爱,使得我的童年享受到无穷的乐趣和幸福。"[①]

除了父母之外,於崇文最敬重的人是大哥於崇实。於崇实1941年毕业于复旦大学土木工程系,先后在上海洋泾中学、洋泾建筑学校、高桥中学教书,曾担任教导主任、副校长等职。他热爱体育,在复旦大学求学时曾获"大学杯"乒乓球比赛单打冠军。受其影响,其子於贻泽、儿媳郑怀颖均成为国家乒乓球运动员,还曾拿到过世界冠军。

大哥於崇实擅长国文和数学。由于比於崇文大七岁,在於崇文未入学之前,大哥基本上承担了他的学前启蒙教育。一方面为於崇文在入学前就能接触到各种各样的书本画册提供了便利,另一方面还经常辅导於崇文学习数学知识。这为於崇文的学习打下了良好的基础,也极大地提升了他的自信心。

"长兄若父"这个词用在於崇实身上再合适不过了,工作后的於崇实用自己的薪水供弟妹们上学。1947年父亲於淮山去世时,母亲年将半百,於崇文还在读大学,学费和生活费需要家里提供,另外还有在读小学的弟弟和妹妹,这副重担自然就落在了大哥身上,已有工作的二哥和大姐也会

[①] 於崇文:学习思考、锲而不舍,探索创新、攀登不息——於崇文院士自述。见:周忠德主编,《甬籍院士风采录》。杭州:浙江大学出版社,2002年,第299页。

帮着分担一部分。

在1952年於崇文填写的一份档案材料里，关于主要经济来源，他这样写道："一部分来源于两个哥哥的薪水收入，姐姐和大妹妹供给一部分生活费用；另一部分依靠贷金（新中国成立前）和助学金（新中国成立后）。"[1]

这里所说的"两个哥哥"，除了大哥於崇实，就是二哥於崇业了。於崇业毕业于杭州之江大学土木工程系，曾在湖南零陵中国窑业公司火砖厂做技术员，后任杭州铁路局工程师。二哥也非常关心於崇文的学习和生活。1943年，於崇文到重庆投考大学，曾在湖南投靠二哥，得益于二哥的帮助，於崇文考入西南联合大学。

於崇文的父母开明勤俭，努力供养兄妹几人读书习技，但因家境普通，孩子较多，没能将孩子们全部培养成大学生。加上受当时社会风气的影响，於崇文的大姐和两个妹妹只读到中学就结束了学业，提早参加工作和组建家庭。

父慈母爱，兄弟姊妹和睦相处、相互帮扶。於崇文所在的是一个其乐融融的大家庭，为他童年的成长提供了一个温馨的生活环境。

---

[1] 於崇文人事档案：师生员工履历表，1952年6月15日。存于中国地质大学（武汉）档案馆。

第二章
西式的中小学教育

於崇文的中小学教育是在多个学校完成的。据於崇文自述:"我 1930 年入小学,先后在聂中丞华童公学、沪东公社附小、澄衷中小学读书。1937—1940 年在澄衷中小学读初中,1940—1943 年在南洋中学读高中。"[①] 这些学校都有一个共同特点,那就是浓厚的西化色彩,从直接聘请国外的校长或教员、使用国外的原版教材,再到学校的管理模式、教学的方式方法等,都不同程度地显示出西方现代教育理念。

华童公学的启蒙教育

1930 年,刚满 6 岁的於崇文被父母送到上海聂中丞华童公学(简称"华童公学")读小学。

聂中丞华童公学创建于 1916 年,系沪绅聂云台为纪念其父聂缉椝而献地,由公共租界工部局创办,学校专收中国儿童,所以称"华童"。在

---

① 於崇文人事档案:干部履历表,1988 年。存于中国地质大学(武汉)档案馆。

该校的华人教育处未成立前,除了国语,华童公学的其他教材与英国伦敦的学校同步,使用的教科书都是英文原版,并且由英国教育部批准。课程侧重英文,根据英文成绩裁定是否可以升级,学生毕业以考香港大学为标准。

华童公学对学生要求严格,甚至苛刻,稍不从命就要受罚,如关晚学、罚立,甚至施行体罚。校园里如洋行写字间,一放晚学,就空无一人。学校不许学生谈政治,不许参加爱国活动。① 据於崇文回忆,华童公学"上课要求非常准时,没有上课前不能进教室,书包都得贴着墙根放整齐,等铃一响再拿进去坐。每星期一,英国校长都会进行训话"。② 如此严格的教学管理制度,对于刚刚走进校园的於崇文来说,一时不太习惯,但是他在华童公学的收获还是很大的。

> 我去工部局学校(华童公学),还是有很大的收获。比如,我小学一年级就可以写英语书法了。英语书法还有一些口令,像五线谱一样,那个时候的方法跟现在的不一样。另外,学费交了以后,别的钱就不用再交了,比如书本什么的都是学校发的,墨水没有了也可以再去领。③

当时上海的外国企业很多,需要大批会英语的办事人员,像华童公学这样的学校,学生毕业以后好就业,因此许多人乐于送子女入学,於崇文的两个哥哥以及堂哥们都曾在这里读书。在当时的社会背景下,普通民众收入微薄,工人子弟想要上学读书并不容易,於崇文的父母为了供孩子们上学付出了极大的努力。

聂中丞华童公学主要招收杨树浦地区的工人子弟。据统计,1916年开学时,学校有英籍教员3人,中文教员4人,学生仅46人,每学期学费

---

① 常培棠:工部局创办的聂中丞华童公学。见:上海市政协文史资料委员会编,《上海文史资料存稿汇编:教科文卫》。上海:上海古籍出版社,2001年,第302-304页。
② 於崇文访谈,2013年12月6日,北京。资料存于采集工程数据库。
③ 同②。

第二章 西式的中小学教育

30元；两年以后，学生仍不满百人，于是将学费减为20元，并设十余个奖学金名额；经过七八年，学生始满400名（定额400名）。由此可见当时工人子弟入学之艰难。①

虽然生活艰难，然而仍然有很多人想方设法将自己的子女送到英文学校。上海人对英文学校十分推崇，主要有两个原因：一是英文学校实行的是班级授课制，与中国近代的私塾相比较为新式，并且比较规范；二是这类学校大多兼授一些实用学科，学生可以学到相关的从业技能，为日后步入社会、谋求职业提供了可能。

除了聂中丞华童公学外，於崇文还曾就读过沪江大学沪东公社附设小学（简称"沪东公社附小"）。问及转学的原因，於崇文自己也觉得好笑："因为华童公学里厕所的便池是相互连通的，并且比较深，家人怕（我）掉进去。"②或许当时发生过小学生掉进厕所的事件，而於崇文的身材瘦小，父母担心他的安全，所以让他转了学。

1931年，於崇文被父母就近送到了沪东公社开办的小学继续读初小二年级。沪东公社由沪江大学社会学系创始人葛学溥③教授，联合沪江大学社会、经济、教育、宗教诸学系，在上海杨树浦工人区创办。沪东公社是中国最早的社区服务机构，建立该社的目的有三方面：一是作为社会学系的实验室，使沪江大学各系学生都能得到实习与从事社会服务工作的机会；二是作为工人求学、继续教育和娱乐之地；三是为了扩大传教。

沪东公社为当地居民提供的社会服务主要集中在教育领域。最初，沪东公社在祥泰木行开设工人补习班，之后推及各工厂，如慎昌机器厂、怡和纱厂等。④此后，随着办学经验的积累和资助经费的增多，从开办小学日校招收附近工厂的工人子弟，到开设夜校辅导在职工人，其形式根据对

---

① 常培棠：工部局创办的聂中丞华童公学。见：上海市政协文史资料委员会编，《上海文史资料存稿汇编：教科文卫》。上海：上海古籍出版社，2001年，第302-304页。

② 於崇文访谈，2013年12月6日，北京。资料存于采集工程数据库。

③ 葛学溥（1888-1980），1913年获布朗大学社会学硕士学位，1914年来华，任沪江大学社会学系教授，讲授社会学原理、社会调查方法等课程。其间，主持创办杨树浦社会中心作为社会调查和社会服务基地，著有《华南乡村生活：家庭主义的社会学》。

④ 彭秀良：社工史话：沪东公社。《中国社会报》，2012年11月21日。

象的不同而纷繁多样，在校学生的规模也不断扩大。此外，沪东公社为民众提供的服务形式还有民众图书馆、民众代笔处、民众食堂、施诊所等，尽可能改变底层群众的生活状况。

沪东公社日校的学生除了学习国文、英文、算数、常识等课程外，还需要接受社会技能的训练。在这里，学生被引导去面对各种与生活实际直接相关的问题，并努力去解决，增长生活和社会经验。

於崇文在沪东公社附小学习了三年，1934年转学到了由宁波同乡叶澄衷创办的澄衷中小学，接受全面的中小学教育。

澄衷中小学的全面教育

1934年9月，於崇文进入了澄衷中小学，为了使小学基础知识更扎实，本应进入小学五年级的他选择了重读四年级。

澄衷中小学以晚清传奇人物宁波商帮的先驱、著名实业家叶澄衷命名。叶澄衷在去世前曾立下遗嘱，捐白银10万两创办澄衷蒙学堂，以贯彻其"兴天下之利，莫大于兴学"的理念。澄衷蒙学堂于1900年创办，1928年改名澄衷中小学。

> 叶澄衷是我的老乡，他也是宁波人，是个商人，非常关心教育。原来他在上海承办过学堂，后来改名叫澄衷中小学。这个学校非常有名，不光是建校时间比较长，还有许多知名人士曾在这学习或工作，如竺可桢、胡适、蔡元培。[1]

正如於崇文所言，澄衷中小学历史悠久，声誉斐然。清末进士刘树屏、教育大家蔡元培以及丰子恺、钱君陶、杨天骥、王怀琪等大师名流先

---

[1] 於崇文访谈，2013年3月22日，北京。资料存于采集工程数据库。

后来校主持工作或任教，陶行知、章太炎、黄炎培、李公朴、马寅初、林语堂、章乃器等学者名士往来讲学，学校培养出不少有影响的学生。

从1902年颁布的《澄衷学堂章程》可以看出，学校对办学各方面有先进的思想和完整严密的设计。除规定科目设置、作息安排外，还对教师、教工和学生的职责、言行等都有极为具体的要求。学校非常重视教育的艺术和学生的个性发展，强调"训蒙以开发性灵为第一义。教者了然于口，听者自了然于心；即或秉质不齐，亦宜循循善诱，不必过事束缚，以窒性灵"。[①] 另外，还详细罗列了对于学生的奖惩规定，功课特优、举止安详、一年中不请假、不犯小错的都可记功获奖；而读书不熟、听讲不用心、坐立不端、逃课逃考、不遵教训等都将受到惩罚或记过。

胡适就曾感怀学校对自己的有益影响：

> 澄衷的学科比较完全，除国文、英文、算学之外，还有物理、化学、博物、图画诸科……澄衷管理很严，每月有月考，每半年有大考，月考、大考都出榜公布，考前三名的有奖品……我在这一年半中，最有进步的是英文、算学，教英文的谢昌熙先生、陈诗豪先生、张镜人先生，教算学的郁耀卿先生，都给了我很多的益处。[②]

同样受益的还有於崇文，他在这里接受了德、智、体、美、劳全面发展的素质教育。他还总结了这所学校的特点：

> 一是学业、体育和劳作三者并重，任一方面的成绩不及格就要留级。二是课程设置全面，有国文、算术、英文、物理、化学、历史、地理、音乐、美术、体育、劳作和公民等。三是师资水平高，算术、动植物、音乐、美术和体育等课程的教师均为上海著名学者。[③]

[①] 上海市虹口区教育局：《百年澄衷学校章程资料及研究》。上海：文汇出版社，2015年，第54页。

[②] 胡适：《胡适：四十自述》。吉林：吉林出版集团股份有限公司，2017年，第45-51页。

[③] 於崇文：学习思考、锲而不舍、探索创新、攀登不息——於崇文院士自述。见：周忠德主编，《甬籍院士风采录》。杭州：浙江大学出版社，2002年，第297页。

於崇文记得，他的国文老师是一位前清秀才，上课时，每遇到一篇古文名作，必向学生逐句详细讲解，等到学生文理皆通后，便在课堂上一面来回踱步，一面将文章高声朗读，抑扬顿挫的声音极富感染力。算术老师是陈岳生先生，具有丰富的教学经验和很高的教学修养，他撰写的算术教科书，是上海各小学的通用教材。地理老师毕业于浙江大学，讲授的世界地理让他至今记忆犹新。

教音乐的老师叫裘梦痕，他编了一本书叫《乐理》，是开明书店出版的，他用这本书给我们上课。他每次上课都要先让我们练声，从这个学校出来的学生，不会有五音不全的。他教我们唱的歌都是世界名曲，我记得有《摇篮曲》，这些曲子我们都唱。学校还有图书室，学生自己可以去借阅，图书室里除指定的教科书外，还有课外阅读的书，比如语文方面有《爱的教育》，还有鲁迅翻译的一些书，像《表》等。[1]

澄衷中小学在学习和生活各方面的管理相当严格。学校对学生的起居、门禁、功课、功过、图书借阅、休假等都制定了详尽的规则。比如，为了培养学生早起的良好习惯，学校规定学生在每天早上上课前必须自修一小时，每天早上7点必须到教室，由老师轮流督导，校长、教务长随时检查。每天的自修督导教师、校长和教务长必须准时到达教室，给学生作出榜样。学校每周公布学生自修的出勤情况和各班的出勤率，给表现最好者颁发"朝气蓬勃"锦旗以资鼓励，不好者严加督促。学校还制定了早操制度，规定学生早操必须统一着装，站在每个人固定的位置上，丝毫不能错乱。学校专门在操场为各班标示了早操示意图，每个学生的站位都标在各个班的示意图上，如果有人缺席，不用点名，一眼就看得清清楚楚。[2]

除了严苛的管理制度，学校还注重培养学生各种不同的课余爱好。上课之余，学校经常举办各种观摩会，由各个班级陈列学生的各种学业成绩、课外作业和参考资料。学业成绩是平时上课的作业或考试成绩；课外作业有壁

---

[1] 於崇文访谈，2013年3月22日，北京。资料存于采集工程数据库。
[2] 李瑊：《上海的宁波人》。北京：商务印书馆，2017年，第220页。

报、读书笔记、摄影作品、统计图表等；参考资料包括字画、雕塑、工艺品、模型、战争画片、美术画片、邮票、标本、书报杂志等，范围非常广泛。参加观摩的优秀作品还可以获得奖励。此外，学校还特别重视学生的体育运动，体育成绩常常名列上海各同类学校之冠。①

学校对德、智、体、美、劳都有要求，音乐、美术、劳作、体育，都不能不及格。我的体育老师王怀琪原来是中国体操学校和上海武术会的体育教练，"八段锦"体操就是他编的。他对我们的体育要求还是很高的，单杠、双杠这些运动器械，我们都使用过。劳作课就是做手工，比如用藤条编个花篮，还有制作玩具以及石膏模型，用线团轴、橡皮筋做坦克。这些锻炼了我的动手能力。美术老师是上海市职业书画家钱君陶，他的书法很好，刻章也很有名。有一次我去江西三清山，看到了他在岩壁上题的字。现在我们中小学的书法课都没有了，我觉得这是错误的，书法不光是练习写字，还有文化传承，内涵非常丰富。③

图 2-1　澄衷中小学 1906 年第一学期课程表②

於崇文说，澄衷中小学的书法课令他至今受益匪浅。得益于擅长书法的小学级主任翁老师教导，他刻苦练习书法，曾临摹柳公权、颜真卿、王

---

① 李瑊：《上海的宁波人》。北京：商务印书馆，2017 年，第 221 页。
② 张立茂：《胡适澄衷学堂日记》。上海：文汇出版社，2017 年，第 14 页。
③ 於崇文访谈，2013 年 12 月 6 日，北京。资料存于采集工程数据库。

羲之等书法名家的碑帖。於崇文从教以后，很多原版书和教材都是自己手抄下来的，他的大部分著作也都是自己手写出来后再打印。他说，小学如果没有练过书法，这些手抄、手写的工作是很难完成的。

作为上海创办最早、声名最盛的新式学校之一，澄衷中小学在中国近现代教育史上具有重要的地位。其严格的管理制度、勤劳朴实的校风，今天仍然可以为我国的教育事业提供积极的参考和借鉴。

入读南洋中学

1940年9月，於崇文从澄衷中小学毕业，进入上海私立南洋中学读高中。在这里，於崇文接受到扎实的科学与人文并重的中学基础教育。

南洋中学是国人自主创办的第一所新式中学，其前身是1896年王柳生创立的王氏育材书塾，1900年交由其侄王培孙接任校长，1901年改名为王氏育材学堂，1904年改名为南洋中学，是当时上海一所著名的私立学校。王培孙早年在江南制造局工作，接触到欧美先进工业技术，后就读南洋公学，与狄平之合办开明书店，又曾东渡日本留学，回国后接办育材书塾。王培孙是一位爱国教育家，他对南洋中学学生的期望是"知行并进，为己积福，为家增光，为国桢干，为天下肇和平"。[1]

1940年於崇文入校时，南洋中学已经走过了40余年的办校历程，以环境优美、设施完备、教学严谨、人才辈出而闻名沪上。大教育家蔡元培对南洋中学推崇备至，曾言："不论何人，在此连吃五年苦饭（当时学制为五年），真是天下去得。"教育家黄炎培也说过："南洋中学的优点，不在分科，而别有两种特色。其一，各种功课切实；其二，精神训练有方。有此两优点，当然结果与众不同。"[2]

---

[1] 上海市南洋中学：王培孙纪念文集。2005年，第47页，内部资料。
[2] 政协上海市委员会文史资料工作委员会：《上海文史资料选辑：第43辑》。上海：上海人民出版社，1983年，第165页。

图2-2 於崇文就读时期的南洋中学校门

南洋中学重视基础知识和教学质量，把语文、数学、英文作为主课，而且要求严格，有一门不及格即不能升级。高中的课程设置，数学有平面几何、立体几何、解析几何、高等代数、微积分，外语除英文外，高三还教授第二外语，高中物理、化学、世界史地均用英文原版教材。[1] 教师授课不局限于课本，还讲授立体透视和投影区的几何原理与画法，以及工程字体的书写，这些也都为於崇文后来学习地质学打下了很好的基础。

我在南洋中学接受了科学技术与人文学科并重的坚实中学基础教育。该校的教育传统以数、理、化、生等基础自然科学为重点，高二用中学课本，高三用大学教材，均为英文版著名教科书。国文课涵盖四书五经、唐宋八大家古文和现代文学，英文课包括文法、修辞学、英国文学、现代英语、会话、作文和中英文互译。[2]

南洋中学的教师大多是南洋大学（上海交通大学的前身）的老校友，他们爱校如家，有数十年丰富教学经验。有的课程由大学老师兼职，整体教学水平比一般中学高很多。据於崇文同年级的同学刘文光描述：

---

[1] 赵克让：《地苑赤子：中国地质大学院士传略》。武汉：中国地质大学出版社，2001年，第120页。

[2] 钱伟长，孙鸿烈：《20世纪中国知名科学家学术成就概览·地学卷·地质学分册（二）》。北京：科学出版社，2013年，第380页。

高一时数学老师由李传书先生担任，英文老师是过建民先生，生物教师是周玉田先生，国文老师是葛啸庵先生。老师们讲课经验丰富、各有特色。比如，大多数同学对于三角一课，觉得很难而缺乏兴趣，李传书讲解难题时循循善诱，还开导大家说："研究学问时，不应抱有很难很繁的成见，因为事先觉得很难很繁，就不感兴趣，不肯专心研究，愈不专心研究，愈觉得难了。假使先怀有不难不繁的见解去专心研究，兴趣由此而生，以后遇着再难的，也不觉得难且繁，一切可以迎刃而解了。"过建民先生讲解英文文章时典雅诙谐、妙趣横生，朗诵起Antony痛斥Brutus演讲词①时慷慨激昂，他每天教授一条格言，对提高学生们的修养大有裨益。周玉田先生专业娴熟，讲解清晰，一口宜兴语调极能提起学生兴趣。几何教师吴厚厘先生，方正严明，笑比河清，证明定理时不嫌烦复，再三叮咛，使学生们了解深刻。国文教师葛啸庵先生所擅长的"圈点教授法"，使学生因圈点而了解全篇的中心思想，以至融会贯通，了若指掌，在学生中有口皆碑。

　　进入高二时，开始增设物理、化学、代数、制图等科目。其中，教授物理的沈德滋先生博学宏才，讲解清晰，时常对学生训诫说："学习物理首先须将最简单的基本观念弄清楚，登堂入室进而研究更高深的理论，那么事半功倍造诣更深。"化学教师周祖训先生对于化学理论滚瓜烂熟，一口气可讲下一个章节，这种本领独步一时。王季梅先生教授代数，闻名全沪，演绎定理的精确，讲解理论的明晰，无人望其项背。

　　民国三十一年的夏升入高三肄业，校方因适应学生需要，分高三为理、商二科。其中攻理科者过半，入商科者仅二十，这也可代表此时青年的志趣了。各同学因兴趣所寄，所以上课时专心听讲，下课后亦群相切磋，深为师长赞许有"模范级"之誉。当年教授英文的朱树蒸老先生，精神矍铄，著作等身，名传遐迩，执教时讲解详明，同学莫不心领神会。皇甫鋐声先生讲授文学，旁征博引，材料丰富，学

---

① 出自莎士比亚的名剧《裘利斯·凯撒》。

第二章　西式的中小学教育　　27

生获益匪浅。下半学期物理改由赵菊人先生担任，讲解清晰，释题简明，益饶兴趣。时光如驰，春候后各科相继结束，入复习时期，各同学或谋职事，或投学校，风清云散了。①

南洋中学在当时被认为是国内数一数二的工程学校。但於崇文认为，自己在南洋中学学习期间最受益的是英文。学校的英语课程教学方法得当，采用图解式教学法，对每一个英文单词的作用逐字作文法剖析，使学生深入掌握英语的语法规律。英文修辞学读本对英文写作大有裨益，英国文学名著读本又启发了学生们自学英国散文、诗歌和小说的兴趣。高中时，於崇文自学《现代英语选集》（葛传椝编），打下了阅读英文报刊的初步基础；英语会话的学习，使他养成了不厌其烦地查阅字典、严格要求对每一个生字掌握准确发音的习惯；看原版英文电影，增强了他的英语听力；英语作文和中英文互译提高了他的英文表达能力和写作速度。② 同学章福民评价他"长于英文写作，因耽读名著，无暇顾问功课，然而常优游前茅"。③

於崇文因为读英文名著而无暇顾及功课，但成绩总是名列前茅，这让同学们觉得奇怪。此外，三年的相处，让同学感觉到於崇文"类外世俗"的行事还有几则："君别父母，率妹异处，严督家政，谓为求自由也；君擅烹饪操作，甘之若饴，家道非小康也；君掷百金，购巨帙书籍，曾无吝色，惟享用不免少促耳。"从这些评价中可以看出，青少年的於崇文虽然有些个性，但不张扬，给同学们的整体印象仍是好的："君之心境磊落，而形色轩昂，则丈夫之气概也；步序从容，而语态安详，则学者之风度也。是以君待人接物，若导游欣随人侧，无倦退之意；若会谈谦居人后，无独断之念。"④

---

① 章福民：癸未。南洋中学癸未级，1943年。资料存于采集工程数据库。

② 赵克让：《地苑赤子：中国地质大学院士传略》。武汉：中国地质大学出版社，2001年，第120页。

③ 同①。

④ 同①。

> **於崇文** 於君崇文，浙東之鎭海人，余因陳君雄啓之周旋，得以知己期君真大快事也。
>
> 嘗輪君與陳君，尤稱莫逆，猶若形影之相迎，未嘗一日遺。别自戴笈三年，促膝三年，想二君之交誼，可謂悠哉？遠哉！若此夫！試觀君之心境磊落，而形色軒昂，則丈夫之氣槪也；步序從容，而語態安詳，則學者之風度也。是以君待人接物，若導游欣隨人側，無倦退之意；若會談謙居人後，無獨斷之念。故君與陳君，有行必俱往，有事必相商，志同道合，余因知二君之交誼，必没齒不渝，豈偶然哉？
>
> 請問君行事頗外世俗，非求異耳！今舉例二三，藉博一粲！
>
> 　　君别父母，率妹異處，嚴督家政，謂爲求自由也。
>
> 　　君擅烹飪操作，甘之若飴，家道非小康也。
>
> 　　君擲百金，購巨帙書籍，曾無吝色，惟享用不免少促耳。
>
> 　　君長於英文寫作，因耽讀名著，無暇顧問功課，然而常優游前茅。
>
> 　　其尤妙者，君嘗舉其終身大事，質之陳君，以絕猶疑，於此，可知君與陳君，能相得無間然矣！　　——章福民——

图2-3　1943年，同学章福民在毕业纪念册上对於崇文的印象评述（资料来源：章福民《癸未》）

高中时期的於崇文，身材修长，白皙文静，彬彬有礼。他时常身着一袭银灰色衣衫，戴一副黑色框眼镜，一派学者风度。形神俱佳的形象，自然引得同学们的注意。但是，这副给於崇文"学者形象"加分的眼镜，却是他高中时期最大的遗憾。他曾在高中毕业纪念册上"八最"一栏中填写的最遗憾的事情就是"近视眼"。除此之外，最可爱的是"诚实"、最可恨的是"谄媚"、最可气的是"夸大"、最可怕的是"阴谋"、最得意的是"恍然大悟"、最伟大的是"舍己为群"、最希望的是"有所贡献于别人"。从这些关键词中，可以看出高中时期的於崇文是一位诚实正义、疾恶如仇、乐于助人的青年。

图2-4　1943年，南洋中学毕业生纪念册所载於崇文照片（资料来源：章福民《癸未》）

第二章　西式的中小学教育

图 2-5 於崇文在高中毕业纪念册上填写的"八最"

　　战前的上海，是当时中国教育最发达的地区之一，虽然沦为半殖民地，但同时也将西方较先进的文化教育体系引入了中国。上海沦陷以后，由于有租界保护，仍有很多私立学校留在上海继续办学，支撑起上海的中小学教育。於崇文高中时期，上海的形势更加复杂，在这种错综复杂的社会背景和氛围下，青少年时期的於崇文自然也受到来自多方面的影响。

　　南洋中学三年的高中教育对於崇文的成长具有重要的意义，使他奠定了广泛学术取向的基础，培养了自学成才的能力，这里优美的环境、优良的传统和优秀的教学给他留下了深刻印象。谈起高中岁月，他总是滔滔不绝。2019 年南洋中学的校领导曾拜访於崇文，96 岁的於崇文为母校题词赠言，以表达对南洋中学的感情。

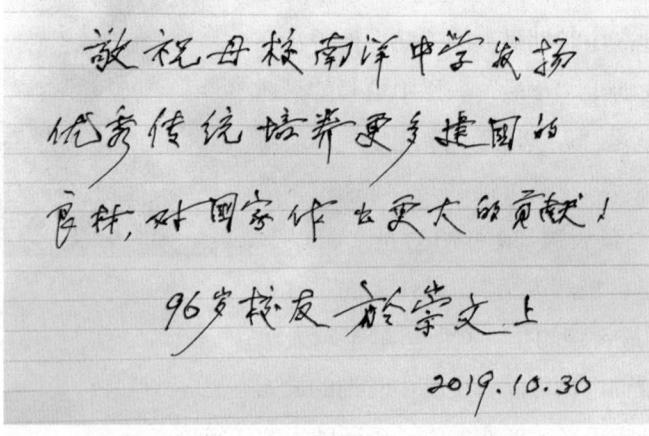

图 2-6　2019 年 10 月 30 日，於崇文给南洋中学的题字

第三章
颠簸求学路

高中阶段，生活在上海沦陷区的於崇文一度感到压抑和苦闷，不停地寻找着出路。高中毕业后，他从上海长途跋涉至重庆投考大学，开始独立生活。几经波折后，考取国立西南联合大学机械工程系，遂又只身远赴昆明求学。在西南联大半工半读了两年，期间曾更换一次专业。1946年随校复员北上，最终选择了北京大学地质系。

这段艰难岁月，练就了於崇文健硕的身体和坚忍不拔的内心，让他在以后的工作和生活中面对任何困难，都能够泰然处之。

辗转八省投考大学

1937年7月，抗日战争全面爆发。8月13日，上海淞沪会战打响。此时，於崇文刚小学毕业，马上就要升入澄衷中小学的初中部了，13岁的他对这些还不太明白。三个月后，随着中国军队的撤离，上海最终沦陷。从1937年11月上海沦陷，到1941年12月日本偷袭美国珍珠港后侵占上海租界，处于沦陷区包围中的上海租界成了名副其实的"孤岛"。

由于一直住在租界地区，父亲又在日本商人经营的纱厂里工作，於崇文一家的生活并没有受到太大冲击。当时，日军对国人的欺压，每天都在进行着，沦陷区一片死寂，了无生气。於崇文的初中和高中都在沦陷区，每天目睹日军在上海的所作所为，他感到"精神上极度压抑和苦闷"。

於崇文每天上下学要经过一座叫外白渡桥的钢架桥，桥上有很多日本士兵把守，行人过桥都要被搜查。这让年轻气盛的於崇文非常愤慨，立志要离开上海。"城市还好一些，乡村里新中国成立前的境况，我们都是历历在目的，所以立志要离开那个地方。"① 一方面，珍珠港事件以后，上海全面沦于日寇之手，掠夺和剥削导致上海物价日益高涨，民众生活困苦不堪。於崇文一家在经济上日益拮据，他感觉到在敌伪统治下的上海没有什么出路，非常苦闷。另一方面，在当时模糊的认识下，於崇文认为汪精卫投降日本，是汉奸的行为。蒋介石政府是抗日的，因此对当时所谓的"自由的后方"颇为向往。在多种因素的影响下，於崇文决定高中毕业后就离开上海，去重庆投考大学。②

立志离开沦陷区成为於崇文坚定的信念："思想情绪的波动一方面影响了我的学习积极性，另一方面也促使我寻找一条出路，摆脱困境。"③ 1942年5月，还在读高二的於崇文就曾和几位同学商议一起奔赴浙江金华，然而随着金华沦陷，这个计划只得作罢。1943年6月，於崇文高中毕业，此后，他一直寻找着离开上海的机会。

一个偶然的机会，於崇文得知有个同乡要去抗战后方的重庆送人，便想随同一起去。然而，战乱时期，父亲担心他的安全，并没有明确同意此次远行，这让於崇文很是着急。为了前往重庆，於崇文努力劝说父母，可父亲一直犹豫不决，眼看同乡就要启程了。临走那天，带路的人来到了於崇文家里，准备要上船了，於崇文的父亲和大哥最后才做出决定，同意放手。

为了不让日军发现，於崇文一行乘着夜色偷偷地离开。他们先是经过

---

① 於崇文访谈，2013年3月24日，北京。资料存于采集工程数据库。
② 於崇文人事档案：我的自传，1953年6月8日。存于中国地质大学（武汉）档案馆。
③ 同①。

一个海峡，然后沿着浙江的海岸线走了十几天，最后到了浙江龙泉。

除了八岁那年全家人回镇海老家避难，这是於崇文第二次出远门，并且是独自出行与生活。在家颇受照顾、衣食无忧的他，初出家门后才真正尝到了"在家百般好，出门一时难"的滋味。在乘船过海峡的时候，因为乘坐的船只密封较严，不怎么透气，没多长时间他就开始晕船，呕吐得特别厉害。等到终于上岸了，他又患上痢疾，每停靠一地准备歇脚的时候，别人都是往饭店里跑，於崇文则要先找厕所。一路上的艰辛，让於崇文饱受折磨。"好在那时年轻，这些都不觉得什么，顶一顶就过去了。"回忆起这段经历，於崇文依旧历历在目。

於崇文一行七八人，其中印象最深的是负责带路的胡积善[①]。於崇文后来才知道，胡积善那时已是地下党员。当时他只知道胡积善是学音乐的，会拉二胡。路上休息的时候常给大家拉一段二胡，还教大家唱《黄河颂》。就这样，一路上大家说说笑笑，倒也不觉得寂寞。

於崇文一行人到了浙江龙泉，由于当地发生鼠疫，禁止人员流动，只好在浙江大学龙泉分校住了一个月。在那里，因为缺乏营养，很多学生的头发都是白的，这让於崇文记忆深刻。

由于这次鼠疫疫情，於崇文在龙泉耽搁了一个月。后又经福建、江西、广东，离开上海三个月后才到达湖南，此时已经9月份，去重庆投考大学的计划也就泡汤了。错过了投考，重庆也没有落脚地，再去后方已无意义。当时，於崇文的二哥於崇业已于杭州之江大学毕业，正在湖南零陵一个亲戚办的耐火砖厂工作。於崇文决定先到零陵投靠二哥，在砖厂边打工边学习，等待来年的考试。于是，他只身前往湖南零陵。

湖南零陵耐火砖厂实为中国窑业股份有限公司，于1932年创建于上海，上海沦陷后，在湖南零陵县芝城镇（今永州芝山区）北郊开办分厂，更名为私营中国窑业股份有限公司零陵耐火砖厂。1939年，该厂开始生产

[①] 胡积善（1922-?），后更名为方堃，生于浙江宁波象山县。七七事变后，参加家乡地下党领导的抗日宣传队，少年时便是指挥、传唱抗日歌曲的主力。1944—1946年就读于西南联大电机系，1946年复员到清华大学，组织清华大学"大家唱"歌咏队，担任队长兼指挥。1949年后曾任中央音乐学院附中校长、党支部书记，中央音乐学院教务长。

"地球牌"黏土质耐火材料。1943年，公司在上海的各厂全部停产，主要经营零陵分厂。当年，增加资本200万元，有工人110名，生产各种标准型火砖、耐酸矽砖、镁砖和中性铬砖近800吨，供应湘、赣、粤、桂四省。1944年日军进犯湖南，零陵分厂被迫停产。①

1943年9月，於崇文到达零陵耐火砖厂时，正值该厂增资扩产，急需技术人员，也就比较顺利地留下。最初的工作是帮助厂里的一位化学师做耐火黏土成分的化验分析。於崇文在高中阶段学习到的化学知识派上了用场，乐此不疲地做上了自己的第一份工作。在零陵，於崇文不仅仅找到了工作和落脚地，最大的收获是遇到了一位后来奠定他一生学术方向的人——靳凤桐。

靳凤桐（1910—1990），河北省保定市高阳县人。1933年8月考入北京大学地质系，从师丁文江②、李四光③、谢家荣④等地质学家，他的毕业论文《环斑构造花岗闪长岩鉴定及其生成理论》受到老一辈地质学家的好评。大学毕业后，靳凤桐考入湖南地质调查所，历任技佐、技士及资源委员会第二区特种矿产管理处副工程师。⑤1943年应零陵耐火砖厂之邀，靳凤桐来到零陵勘查耐火黏土资源。

於崇文看到靳凤桐相对年轻，感觉比较谈得来，就跟着靳凤桐去外面找黏土。由于以前在上海很少见到矿石，於崇文对这些非常好奇，工作的劲头也很足，经常跟着靳凤桐爬矿洞、做检测。每次回宿舍时，指甲缝里都是黑泥，虽然又脏又累，但於崇文的内心觉得非常充实。复杂多样的地

---

① 张泽槐：《永州史话》。桂林：漓江出版社，1997年，第206页。
② 丁文江（1887-1936），江苏泰兴人，地质学家、社会活动家，中国地质事业奠基人。曾创办农商部地质研究所、地质调查所，1931年担任北京大学地质学教授。
③ 李四光（1889-1971），湖北黄冈人，地质学家、教育家、社会活动家，中国地质力学的创立者、中国现代地球科学和地质工作的主要领导人和奠基人之一。1928年任中央研究院地质研究所所长；1948年当选为中央研究院院士；1950年5月任中国科学院副院长；1952年9月任中华人民共和国地质部部长；1955年当选为中国科学院学部委员。
④ 谢家荣（1898-1966），上海人，地质学家、矿床学家、中国地质学会创始人之一。1948年当选为中央研究院院士，1955年当选为中国科学院学部委员。
⑤ 《江西省地质矿产志》编纂委员会：《江西省志：江西省地质矿产志》。北京：方志出版社，1998年，第590页。

质环境勾起了他浓厚的兴趣，也为他后来选择学习地质学埋下了一粒种子。

於崇文在砖厂工作期间，给大家留下了很好的印象，工人们都把他当作弟弟一样对待。会计胡晚庸回忆起当年的情景，对於崇文印象深刻。

> 於崇业的弟弟於崇文到了零陵，当时大概还不到20岁，文质彬彬一个白面书生。时常手摆书本，大概是为投考大学做准备吧。他有时念的是高中课本，有时向他哥哥借些大学课本念，总之，看他是好学不倦的样子。於崇文不像他的哥哥於崇业喜欢同别人随便说笑，比较一本正经，没有见过他与人争论任何问题。①

於崇文的安静好学，给工厂里的人留下了良好印象。在砖厂工作期间，厂里的负责人就看中了他的钻研精神，想留他在厂里工作。但於崇文投考大学的意愿非常坚定，就推辞掉了。

1944年6月，日军打到湖南衡阳，战火逼近零陵。此时，大学入学考试的时间临近，於崇文结束了在零陵的打工生活，再次踏上去重庆投考的路途，他经由广西、贵州、四川，辗转到达重庆。

> 我从湖南零陵到广西桂林，是坐汽车去的，到了桂林再坐火车。零陵到桂林这一段虽然不太远，但路上很困难。当时我大概二十岁，一个人带三件行李，完全靠自己。会有很多人抢你手里的东西，七手八脚的，所以要先稳住，不能软弱。
>
> 火车上很多逃难的人，火车顶上、火车头上都是人，大家什么都不顾，能上去就上去。火车经过山洞时，有些人就被迫滑下来了。我当时运气还算好，是从火车窗口爬进去的。火车停下来时，刚好有一个窗户是开着的，我马上把行李甩进去，还把里头的人吓一跳。我爬上去，占到一个靠窗的座位。火车停停走走，走了两天三夜，到了贵州火车还脱轨了，又耽搁了好长时间。火车上没办法上厕所，因为厕

---

① 胡晚庸：有关於崇文的情况。1968年12月25日，未刊稿。存于中国地质大学（武汉）档案馆。

所里面全挤满了人。我靠车窗的好处,一是透气,二是火车停了,可以跳下去洗脸、上厕所,再爬上来。这样的经历让我受到锻炼,以后遇到什么事会自己想办法。①

图3-1 2013年12月,於崇文参观"科技梦·中国梦——中国现代科学家主题展"(当看到部分院所内迁路线图时,他笑着说:"我那时是从上海辗转八省到的后方。"照片由王新拍摄)

终于到达重庆后,考场的条件也十分简陋。考场设在沙坪坝,参加考试的人非常多,许多人没有钱住旅馆,加上天气炎热,不少考生直接睡在马路上或廊檐下。② 沙坪坝在当时并不是个太大的镇,但因为投考学生的到来,这里人满为患。由于耐火砖厂停工,二哥於崇业后来也专门赶到重庆,张罗着於崇文的考试,这让於崇文相对轻松了许多。

在二哥的指导与建议下,於崇文报考了三所大学,分别是国立西南联合大学、国立中央大学和国立重庆大学。受到小时候身边纱厂和船厂较多的影响,报考时於崇文想选择纺织或者造船方向的专业,但当时这三所大

---

① 於崇文访谈,2013年3月22日,北京。资料存于采集工程数据库。
② 同①。

学都没有这类专业，于是他选择了相近的机械工程系。

　　於崇文报考了三所学校，前面两所学校的考试都顺利考完，到考重庆大学时，由于天气太热，汗流浃背，於崇文考了一半就放弃了。"考重庆大学的时候，我考了一半就走了。为什么走了？因为太热，不耐烦了。我想，就考两个算了吧。"[①]

　　根据国民政府教育部规定，1944年度大学招生考试科目为国文、英文、算学、公民史地、理化生物5门。实际上，初试仅有国文、英文、算学三门，后两门为复试科目。战乱时期，各高等学校的录取门槛相对较低，西南联大新生初试录取标准为：国文、英文、算学三门总分满145分；报考工学院学生国文、英文、算学三门总分满135分，算学满50分而非以同等学力资格应考者。[②] 当时每门科目实行百分制，虽然录取分数线不高，但是西南联大的录取率还是很低的。1944年西南联大在昆明和重庆两地报考人数共6003人[③]，经过考试筛选，最终录取522人[④]，录取率仅为8.7%。

　　於崇文报考的机械工程系属于工学院，是西南联大新生录取人数最多的学院，1944年度共计录取172名，约占当年总录取人数的三分之一。这是因为，一方面工学院的录取分数较其他学院略低10分，另一方面为加大技术专业人才培养力度，国民政府曾明确要求1944年度工学院各学系招生名额增加五六十名。[⑤]

　　於崇文报考的三所大学中，西南联大最先公布录取名单。於崇文看到自己被西南联大录取，非常开心，随即动身前往昆明。到达西南联大后，於崇文才获悉自己也被国立中央大学机械系录取了，但他仍然决定留在西南联大就读。

[①] 於崇文访谈，2013年3月22日，北京。资料存于采集工程数据库。
[②] 清华大学校史研究室：《清华大学史料选编：第3卷（下）西南联合大学与清华大学（1937-1946）》。北京：清华大学出版社，1994年，第360页。
[③] 北京大学，清华大学，南开大学：《国立西南联合大学史料（二）：会议记录卷》。昆明：云南教育出版社，1998年，第493页。
[④] 同②。
[⑤] 杨学为：《中国考试制度史资料选编》：合肥：黄山书社，1992年，第756页。

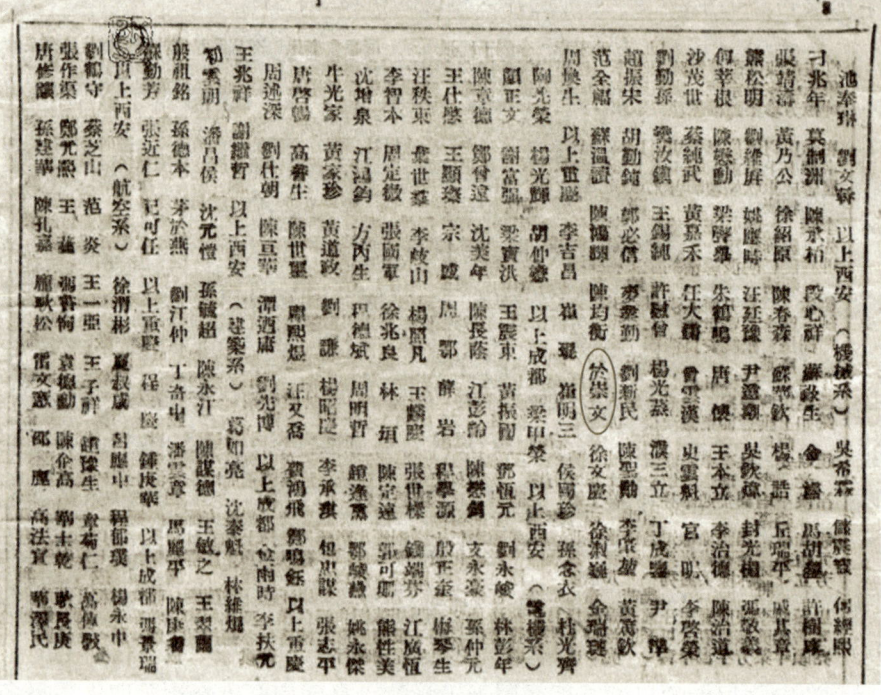

图 3-2　1944 年《国立中央大学校刊》刊登的新生录取名单

西南联大的艰苦岁月

国立西南联合大学是战时由北京大学、清华大学和南开大学组成的临时学校，是五四运动和"一二·九"运动中爱国学生精神的继承地，是科学、民主和新文化精神的传播地。从 1937 年 8 月中华民国教育部决定组建国立长沙临时大学开始，到 1946 年 7 月 31 日国立西南联合大学停止办学，西南联大前后共存在了 8 年零 11 个月，有"内树学术自由，外来民主堡垒"的称号，在抗战时期为国家保存了重要的科研力量，培养了一大批卓有成就的优秀人才。

於崇文入学前，只听说西南联大好，但不知道具体好在哪里。入校第一天，他就听到了一场有关"国事前途"的报告会。作报告的是著名学者张奚若①教授，他在报告中抨击腐败、针砭时弊，充满激情，极富感染力，不时引来学生们的欢呼与喝彩。这让於崇文深切感受到了民主和自由的气氛以及青年学生的爱国热情。

当时社会杂乱，校园里充斥着各种政治面貌的人员，教师在课堂上可以自由讲述自己的学术观点，学生们在校园里可以自由集会，发表不同的政见。

图3-3 西南联大校门（於崇文摄于1944年，门口持杖站立者为潘光旦教授）

> 西南联大好在比较自由，可以完全由自己决定走什么样的路。西南联大的学生，学习都比较用功，这是大环境决定的。国家处在生死存亡的关键时刻，大家都感觉到了责任。比如，董申保是搞变质岩的，还经常听光学的课；张炳熹原来在地质系，也经常去听现代物理的课。一有新的东西，大家觉得这都是学习的机会，跨系跨院的，没有限制，非常自由。
>
> 我在西南联大的时候，杨振宁跟黄昆他们两个人在宿舍讨论量子学说。黄昆那个时候是助教了，比杨振宁大一点。他们在宿舍没有讨论完，白天还会跑到文林街的茶馆继续讨论。②

於崇文认为，西南联大的"自由"主要体现在三个方面：一是言论自由，不同政治身份的人可以自由发表政见；二是生活自由，校园管理松

---

① 张奚若（1889-1973），著名爱国民主人士、社会活动家、政治学家。美国哥伦比亚大学政治学硕士，曾任国民政府教育部高等教育处处长，国立中央大学、清华大学和西南联大教授。1949年后任政务院政法委员会副主任、教育部部长等职。

② 於崇文访谈，2013年3月22日，北京。资料存于采集工程数据库。

第三章　颠簸求学路　39

弛，学生们可以自由地娱乐；三是学习自由，学生可以跨系跨院任意听课，可以讨论自己感兴趣的任何学术问题。

抗战中容不下一张安静的课桌，更无法保证校园管理的规范性，但是责任在肩的学子们坚持学习、用功读书。战争期间条件异常艰苦，学生宿舍不够住，每个房间都挤了很多人。

> 宿舍的墙是用土夯起来的，屋顶是茅草。一个宿舍有四十人，八人一组，分成五组。每组有四张双层床，组之间用破的床单隔一下。因为都是通的，讲话都能听到。现在回想起来，还是蛮有意思的。①

由于战事的发展和国内经济的恶化，西南联大师生的生活每况愈下。抗战后期，物价上涨，教师仅靠薪金难以维持生活。国文系闻一多教授每天上午在联大授课，下午在中学兼课，晚上批改了学生作业后，半夜还得为别人刻图章卖钱。历史系吴晗教授因妻子久病，写报告给校长梅贻琦②，提出向学校借款，变卖自己的16大箱书籍还债。法律系费青教授长期患病，经济极为困难，只好请求学校收购他多年来的德、英、汉三种文字的全部藏书。

老师尚且如此，学生的生活也不好过。由于物价飞涨，学生食堂不仅伙食质量极差，而且每天只供应两顿饭，上午10点和下午4点各一餐，也就是说上午要先上两堂课后再吃早饭。经济情况较好的同学可以早上在街边摊贩处买早点吃。经常有学生因无钱购买早点，肚子又太饿，无力气去上课，有时只好干脆不去上头两堂课，在床上继续睡觉。

与同学们一样，只身在外求学的於崇文经济拮据，远在上海的家庭无法给予太多支持，他经常为衣食发愁，常年穿着一身从地摊上低价购买的美式旧军服。据他后来回忆，当时因为经济条件实在不好，偶尔会从基督教青年会那里获得一点衣物和食物的帮助。

---

① 於崇文访谈，2013年3月22日，北京。资料存于采集工程数据库。
② 梅贻琦（1889-1962），天津人。1914年从美国伍斯特理工学院学成归国后，到清华担任教学和教务长等职，1931年出任清华大学校长。曾任中华民国教育部部长、中央研究院院士。

除了生活上的困难，还有战争带来的恐慌。有一段时间，日本军机经常轰炸昆明，有时老师正上着课，防空警报响了，学生们都钻到桌子下面躲避，等飞机飞走了，防空警报解除，学生们再继续上课。

图3-4　1944年，於崇文在西南联大

不间断的战乱经常导致城里食物短缺，特别是蔬菜。有几回，於崇文很长时间吃不到蔬菜，每天只是就点"大头菜"（昆明的一种咸菜）下饭。住宿条件不好，食物营养跟不上，加之学习紧张，入学不到一个学期，於崇文便染上了伤寒，只好暂时休学。

经过一段时间的休养，於崇文的病情有所好转，但生活变得更加清苦。通过一位旧友的介绍，於崇文来到清华服务社锯木厂，开始了另一段打工生活。

清华服务社锯木厂打工

清华服务社成立于1943年，是由清华大学投资、教职工集资入股及社会单位购股组成的经济实体，组织机构设管理委员会，主席由工学院院长施嘉炀先生担任，常务委员为施嘉炀、吴有训、陶葆楷、任之恭、孟广酩。清华服务社设有土木工程部（下设建筑部、锯木东厂及西厂）、机械工程部（下设机械实习厂、机制木材厂、造冰厂）、电机工程部、应用化学部（下设化妆品制造厂）、无线电工程部、矿冶工程部、理化部、农艺部（下设经济农场及碾米厂）8个分部。

清华服务社的宗旨是"以增加战时后方生产，并于技术方面为社会服务为目的"。如锯木厂和机制木材厂曾为驻昆明美军加工大量建筑用木材,机械实习厂曾为驻昆明美军加工安装自来水用的管接头及阀门、为美空军各地气象观测站生产探空气球所需的氢气。清华服务社为学校创造了财富,改善了办学条件,缓解了部分教职工的经济压力。[1]

於崇文因为生病休学,无法得到学生补助,生活日见困难。伤寒病好后,一直想找份短工,以弥补生活开支的不足。期间,他曾被介绍到昆明同仁街的一家拍卖行当伙计,但因为工作不太适合,仅做了一天。

幸运的是,他遇到了曾在湖南零陵耐火砖厂结识的王卫章(后改名王权)。王卫章此时正在清华服务社锯木厂工作,并准备离开锯木厂去重庆投考大学,需要有人接替他的工作。于是,於崇文找到在西南联大工学院化学工程系任助教的远房亲戚胡修璟,经过胡修璟的联系介绍,於崇文来到了清华服务社锯木厂,接替了王卫章的工作,从而有了一份相对稳定的收入。

锯木厂在昆明郊外,由西南联大土木系教授陶葆楷、李庆海等人负责,主要为驻扎在昆明的美国盟军提供建造招待所所需的各种建筑木材。由于於崇文是西南联大的学生,且英文基础比较好,锯木厂给了他一个工程员的职位,担任重要的发料工作。於崇文负责接待美军各机构派来领料的军人,供应所需各种规格的建筑木料。美军每次派员来取木料,都要先将所需木料规格和数量的清单交给於崇文,他再根据清单让装料工人查找木料并装货上车。装完清点后,由於崇文开发料单,美军人员签字确认后把木料运走,一般都是月末结账。

於崇文在锯木厂接触过驻昆明美军的各级军人,有小兵,也有上尉、中尉,还有校官。中小学扎实的英文基础,让他可以熟练地用英语和美国人打交道,这份工作让於崇文感到甚是轻松。

在锯木厂工作期间,除了熟人王卫章,他还遇见了原来在零陵耐火砖厂结识的胡晚庸。1944年耐火砖厂停工后,胡晚庸于当年秋天来到昆明,也是通过王卫章的关系临时借住在清华服务社锯木厂西厂的木材仓库。

---

[1] 方惠坚,张思敬:《清华大学志》。北京:清华大学出版社,2001年,第413页。

1944年冬天，胡晚庸进入新华银行工作。胡晚庸对於崇文十分关照，得知於崇文生活困难，时常会给他些零用钱，有时还在星期天约於崇文到新华银行职工食堂吃饭。新华银行食堂的伙食稍好，而且星期天用餐的人员又少，饭后他们还会一起看电影。胡晚庸说，那时於崇文喜欢看文艺片，与他算是兴趣相投。

工作不算辛劳，又有旧识时常相见，抗战即将结束前的半年，於崇文在西南边陲的生活虽然艰苦，但也相对安静。

1945年8月，日本宣布无条件投降，美军纷纷撤离，清华服务社各部及下属工厂也逐渐停止经营和生产。同时，西南联大的新学期即将开学，於崇文经济上有了些许积余，于是准备复学。

於崇文在清华服务社打工，一是由于身体不适而休学，二是迫于当时的经济窘况。在当时来说，这段经历确实给於崇文带来了一些经济上的帮助，由于於崇文的工作表现不错，还收到了服务社分到的红利。然而，也正是经常和美军官员接触的这段经历，让他在后来的历次政治运动中吃了不少苦头。

除此之外，在到清华服务社锯木厂之前，於崇文还曾经报名战时国民党组织的"青年远征军"，虽然最后没有去成，但也是一个需要交代清楚的"历史问题"。

1944年8月27日，蒋介石发出了"一寸山河一寸血，十万青年十万军"的口号，两个月后又发表《告知青年从军书》，号召青年入伍。对此，国民政府为从军青年制定了许多优惠政策。11月11日，云南省组成从军征集委员会。4天后，西南联大成立知识青年志愿从军委员会，号召联大学生积极从军。

尽管张溪若等一部分教授力劝学生们"不要盲从"，但更多的教授，如钱端升、冯友兰、周炳琳、燕树棠等都动员学生从军。其中，闻一多发言最突出，也最具鼓动性："青年从军既是抗日需要，又可以改造国民党军队。"联大校方一再动员，不少学生报名从军，校领导梅贻琦的二女儿梅祖彤也报名参加救护队。《云南日报》对联大学生报名从军十分关注，也不断进行报道和宣传。

我曾在1944年底（具体日期记不得了）在昆明西南联大报名参加"青年远征军"。当时报名的有汤梦秀①、王恕铭②、叶铭汉③等人。报名前在西南联大曾听过动员青年从军的报告，当时大概正是我休学的期间。具体的报名原因，一是因怀疑自己患有神经衰弱症，不宜读书；二是缺乏对国民党认识的同时认为从军很光荣；三是军队里体力活动较多，也许对自己可能患上的神经衰弱的痊愈有所帮助；四是对当时环境多少感觉到苦闷，想换换环境。因此就报了名。④

　　於崇文虽然报名了"青年远征军"，但最后因为身体原因没有成行，而他提到的汤梦秀、王恕铭、叶铭汉三位同学都成功参军。据统计，抗战期间西南联大报名从军的有300多人，后来经过体检筛查，最终学校实际从军人数为266人，这个数字超出了原计划征召额（100人）。

　　1945年1月28日上午，西南联大为从军学生举行欢送仪式。后来他们被编入青年军第207师，飞抵印度接受汽车驾驶技术培训。此时战事已接近尾声，这批青年军并未真正上战场，抗战胜利后不久他们便返校复学。

亲历"一二·一"

　　1945年8月15日，日本宣布无条件投降。抗日战争胜利后，尽管西

---

　　① 汤梦秀（1922— ），浙江诸暨人，1944年考取西南联大工学院航空工程学系，1949年毕业于清华大学工学院机械系。1949年后曾任煤炭科学研究总院上海分院高级工程师。

　　② 王恕铭（1925— ），河南罗山人，1944年考取西南联大理学院物理学系，1949年毕业于清华大学物理系。1949年后在哈尔滨工业大学研究生班学习俄文兼作助教，1953年9月调到北京地质学院物理探矿系。

　　③ 叶铭汉（1925— ），上海人，1944年考入西南联大工学院土木工程系，1946年北上复员转入清华大学物理系。曾任中国科学院高能物理研究所研究员、所长，中国高等科学技术中心学术主任。1995年当选中国工程院院士。

　　④ 於崇文人事档案：我的自传，1953年6月8日。存于中国地质大学（武汉）档案馆。

西南联大已开始筹划复校事宜,但师生们仍留昆明继续上课一学年。抗日战争的胜利,并没有给中国带来和平安定的环境,随着国共和平谈判破裂,战争的阴霾又重新笼罩在人民头上。为此,反对内战、争取和平民主的学生运动,在全国各地迅速地发展起来。1945年11月26日,昆明大中院校的六千余名学生在西南联大举行反内战时事晚会,钱端升、费孝通等教授在会上作反内战讲演。国民党派军队包围会场,放枪恫吓,并在学校附近戒严,禁止师生通行,激起了师生们更大的愤慨。之后,昆明30多所学校的学生相继罢课表示抗议,要求立即停止内战,要求和平与民主。12月1日上午,为镇压学生运动,国民党军警特务到各校殴打罢课学生。

当时,我在学校里面的一个小饭店吃饭,听到前面大门那地方在喊,我就过去看看是什么事情。一看,宿舍草房里的人都往外跑,从宿舍里面跑到大门那里去,有的扛着球棍,有的拿着板凳。冲进大门的军警已经被同学们堵出去了,但西南联大的校门是很简陋的,都是木门,又有烂洞,关不住。于是,大家就用附近能找出来的桌椅、黑板顶住大木门。就这样,墙内外相持不下。也有同学用梯子爬上墙头高喊"中国人不打中国人",但是没有用。军警就开始朝门内扔石块砖头,有几个同学在梯子上被军警投来的石头打中倒下来,学生也往外抛石块。军警看进不来,就退出去了。后来军警跑到师范学院学生宿舍楼那边,扔了几个手榴弹,有几位同学受了伤,大家就把受伤的同学抬到教室。①

於崇文目睹了国民党军警特务攻打学校的大门,听到暴徒们投掷手榴弹爆炸的声音,看到被暴徒们打伤的同学流着鲜血,躺在担架上被抬进校舍里面。出于正义感,於崇文也加入和暴徒互相抛掷石块的作战中。

当日冲突共造成4人死亡,分别是西南联大师范学院学生潘琰、李鲁连,昆华工校学生张华昌,南菁中学青年教师于再。受重伤者29人,轻

---

① 於崇文访谈,2013年3月22日,北京。资料存于采集工程数据库。

伤者 30 多人，教授马大猷、袁复礼等也遭到殴打。

惨案发生后，昆明学生在共产党的领导下，举行了长达 24 天的罢课和持续近 4 个月的斗争，举行了有 15 万人参加的公祭和出殡。目睹了"一二·一"惨案后，於崇文对国民党政府的信心发生动摇，也让之前没有一点政治概念的他开始有了稍微清晰的政治立场。在后来的斗争中，於崇文主动加入了学生游行队伍的行列，还担当了宣传队纠察，维持游行队伍秩序。

西南联大是后方民主空气比较浓厚的一所大学。西南联大对学生政治上的影响，包括政治教育和民主教育。当时听到张奚若、吴晗等人关于国内形势的讲演之后，才初步接触到政治，开始认识到国民党政府不像我所想象的那样好。这是我亲身经历的，感受非常明显。原来我是没有一点政治概念的，后来才慢慢了解到，一个人是要有政治立场的，要清楚国家利益问题应该怎么对待。[1]

转学地质学

抗战胜利后，於崇文离开清华服务社锯木厂，返校复学。休学耽误了一学期的课程，已然跟不上教学进度，需要重读大学一年级。於崇文心想，既然重新读，不如换个专业。之前在零陵陪同靳凤桐考察耐火黏土矿的一段经历，让他感觉自己对地质学比较有兴趣，就选择了地质地理气象系的地质学专业。这一次更换专业，也确定了他日后的学术方向。

西南联大地质地理气象系由抗战前的北京大学地质系和清华大学地学系合并而成，系主任为北京大学原地质系的孙云铸教授。该系的教师阵容甚为强大，1942—1943 年全系教授共 12 人，有孙云铸、王烈、冯景兰、

---

[1] 於崇文访谈，2013 年 3 月 22 日，北京。资料存于采集工程数据库。

袁复礼、张席提、张印堂、李宪之、王恒升、鲍觉民、赵九章、彼得·米士、钟道铭，后来还聘请了林超、陶绍渊等。

学校刚搬迁到昆明后，该系设备差、仪器少，只能借云南大学矿冶系的实验室进行矿物岩石实习。1939年新校舍竣工后，系里在校园南区西北角占用4幢铁皮顶房屋，共21小间，其中9间为教师备课和办公之用，其余分别用作实验室和教室。此后，教学设备陆续得到充实，如显微镜、岩石和古生物标本等。虽然有了显微镜，但仍然缺少磨片设备，师生们只好到玉器作坊切薄片，然后拿回来自己动手在钢板或玻璃板上磨制。为解决教学设备不足的问题，师生们也是想尽办法，自己动手解决。

於崇文回忆，西南联大地质系的每位老师都各有特点。

比如地质学专业，有一位叫米士的老师，是德国籍犹太人。他有一个绝活，就是骑着马在一个地方转一圈回来，那个地形他就可以画出来。我们的马杏垣老师就是跟他学的这种本事。还有袁复礼教授，他曾在新疆考察，他坐在小山坡上，拿一个小黑板，就可以把地形画出来。很多老师都有这种本事。王烈老师是德国留学回来的，他上课看的那个笔记都很多年了，他讲课讲到一个地方，大家就知道快要打铃了，每一堂课讲到哪个地方，非常精确，有德国那种严谨作风。

彼得·米士（Peter Miseh，1908—1987）是一位德国籍地质学家。1933年在哥廷根大学获地质学博士，1936年移居中国，在整个第二次世界大战期间，他都在中国从事教学并开展地质野外研究工作。1940年，他来到西南联大地质专业任教，主讲普通地质学、岩石学、构造地质学和地质制图，此外还为大学四年级学生和研究生创设了区域变质作用和欧亚造山作用等课程。在他的指导下，大多数学生毕业后都能独立地进行制图和正确地进行地质勘查工作。

马杏垣于1938年考取西南联大地质地理气象系，曾受教于米士。1942年毕业后留任该系，成为米士的助教。在米士的影响下，马杏垣对变质岩构造和组织方面的知识产生了浓厚的兴趣，长期从事区域变质研究。

袁复礼（1893—1987）是中国地貌学及第四纪地质学的先驱。1915 年留学美国，先后在布朗大学、哥伦比亚大学学习教育学、生物学、考古学和地质学，1920 年获硕士学位。1921 年回国后在农商部地质调查所工作，把当时新兴的地貌学引入国内。1927—1932 年参与并领导了"中国 - 瑞典西北科学考察团"，1932 年起任清华大学地学系教授、系主任，1938 年随校内迁至西南联大。袁复礼知识广博，讲授过普通地质学、矿床学、岩石学、地貌学、地形测量学、地质制图学、地文学、地理学和地史学等课程。他重视实践，经常承揽一些地质调查或勘查矿产的任务让学生参与，培养学生野外工作的能力。

於崇文提到的另一位老师王烈（1887—1957），是我国老一辈地质学家。他 1906 年入京师大学堂（北京大学的前身）读格致科，跟从德籍学者梭尔格学习地质学，1911 年赴德国弗赖堡大学攻读地质学，1913 年学成回国后任北京高等师范学校博物系教授。1918 年起先后担任北京大学地质系主任、总务长、理学院主任等职，主讲矿物学、高等矿物实验、高等岩石学、光性矿物学、普通地质学、野外实习学等课程。王烈教授一生热爱地质，热心教育。他曾不辞劳苦，将德国学者李希霍芬所著《中国》一书，用笔译或口译向学生传授。

在这些名师的言传身教中，於崇文学习到了他们治学中一丝不苟的态度，树立了治学中注重实践的原则，终身受益。

1946 年 5 月 4 日，西南联大正式宣布解散，当日第一批学生复员北上。7 月 11 日，最后一批复员学生离开昆明。於崇文离开昆明后并没有直接北上，他决定先回家看看。他途经广西、广东到达香港，再从香港乘坐轮船到达上海。历经半个多月，终于回到了阔别三年的上海家里。在家里待了一个月后，启程返回北京。

西南联大北上复校，学生们可以自由选择学校。经过考虑，於崇文选择了北京大学地质系。入校后，由于兴趣的广泛、思想的不稳定，他又有了学习医学的念头，但是由于学校规定在学期间只能转一次专业，只得作罢。

没有成功转专业，於崇文情绪低落，学习的积极性受到很大影响。

大二下学期，父亲突然离世，又给了於崇文更大打击。他回家料理父亲丧事，有两门专业课程的实习没有参加，期末考试的时候成绩不理想，总成绩平均分没有及格。按照学校规定，学年平均成绩不及格者需要留级。

在经过一个暑假的调整后，於崇文重新振作起精神，选择重读地质学专业二年级课程。他想起刚进地质学系的时候，曾经听到一位前辈说过"地质科学是不科学的科学"。这让他很难理解，既然说是"地质科学"，怎么又说它是"不科学"的呢？于是，他决定从这个问题入手，重新学习地质学，为"地质科学是科学的"命题找到证据。"既然选择了做这个事情，就一定要把它做好。"这是於崇文八岁那年父亲给他的忠告，也是於崇文在尝试更易专业后的笃定。正是这个选择最终确定了他此后为之奋斗终生的学术方向。

北京大学提倡通才教育、融通文理，力图培养基础知识扎实、宽泛，综合适应能力强的人才。1918年北京大学在中国率先实行选课制，后细化为学分制，每个学生至少要修满132个学分才可毕业。从於崇文的"国立北京大学学生历年成绩表"可以了解当时北京大学地质系的课程设置和学分情况。

一年级共有6门课程，分别是大一国文（6学分，其中国文读本4学

图3-5 1947年，北京大学地质系师生合影（前排左3是於崇文）

分、国文作文2学分)、大一英文(6学分)、微积分(8学分)、中国通史(6学分)、普通地质学(8学分)、普通矿物学(8学分)。体育每年都有,不计学分。於崇文第一学年平均成绩为73.52分。

二年级共同必修的课程有普通化学(8学分)、普通物理(或普通生物学,8学分)、第二外国语(德文,6学分)、经济学(6学分)。专业课程有地史学及实习(6学分)、地形测量学及实习(6学分)、岩石学及实验(3学分)、光性矿物学及实验(3学分)、定性分析(2学分)、定性分析实验上(3学分)、定量分析(2学分)、定量分析实验(3学分)。此外,於崇文还选修了微分方程(3学分)。第二学年重修时,於崇文的平均成绩为73.44分。

三年级和四年级主要为专业课程。三年级有5门课程,岩石学Ⅱ及实习(8学分)、古生物学及实习(6学分)、地质测量学及实习(6学分)、构造地质学及实习(6学分)、理论化学一(6学分),平均成绩为81.36分。四年级有5门课程,矿床学及实习(8学分)、物理探矿(4学分)、非金属矿床学及实习(4学分)、辩证唯物论与历史唯物论(3学分)、新民主主义论(3学分),平均成绩为84.10分。

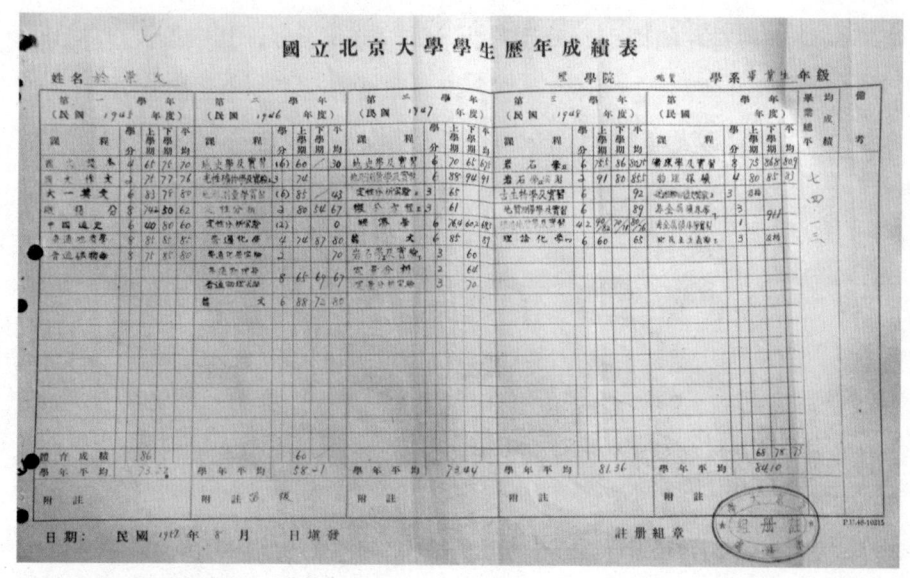

图3-6 於崇文北京大学学生历年成绩表

北京大学地质系名师云集，得益于先生们的教诲与指引，於崇文在地质学基础课与专业课方面涉猎广泛。他向黄汲清[1]学习构造地质学，向孙云铸[2]和王鸿祯[3]学习古生物学，向斯行健[4]学习古植物学，向顾功叙[5]学习地球物理学，向余瑞璜[6]学习X光结晶学，向阮维周[7]学习矿床学。同时，张炳熹的博学、董申葆[8]的求实和马杏垣的活跃，也都曾对他产生过深刻影响。

事实上，於崇文学习的课程远不止这些，除了学校要求的必修和选修课程外，他还自学了很多课程。他先是有意识地加强数学、物理、化学等基础学科的学习，之后又向多名老师学习专业知识。向申又枨[9]和王湘浩[10]学习初等微积分，向庄圻泰[11]学习高等微积分，并自学W. F. 奥斯古德[12]在北京大学讲学期间撰写出版的初等和高等微积分，向郑华炽[13]

---

[1] 黄汲清（1904-1995），四川仁寿人，构造地质学、地层古生物学和石油地质学家。1928年毕业于北京大学地质系，1948年当选为中央研究院院士，1955年当选为中国科学院学部委员。

[2] 孙云铸（1895-1979），江苏高邮人，古生物学家，地质学家，地质教育家。1920年毕业于北京大学地质系，1948年当选为中央研究院院士，1955年当选为中国科学院学部委员。

[3] 王鸿祯（1916-2010），山东苍山人，地质学家、地层古生物学家。1939年毕业于北京大学地质系，1980年当选为中国科学院学部委员。

[4] 斯行健（1901-1964），浙江诸暨人，古植物学家、地层学家。1926年毕业于北京大学地质系，1955年当选为中国科学院学部委员。

[5] 顾功叙（1908-1992），浙江嘉善人，地球物理学家。1955年当选为中国科学院学部委员。

[6] 余瑞璜（1906-1997），江西宜黄人，物理学家、凝聚态物理学家。1955年当选为中国科学院学部委员。

[7] 阮维周（1912-1998），安徽滁州人，地质学家。1935年毕业于北京大学地质系，1950年后历任台湾大学教授、地质系主任、理学院院长、台湾研究院院士总干事、院士。

[8] 董申保（1917-2010），江苏常州人，岩石学、地质学家。1940年毕业于国立西南联合大学地质系，1980年当选为中国科学院学部委员。

[9] 申又枨（1901-1978），山西高平人，数学家，北京大学教授。主要从事复变函数的插值理论、微分方程、数学教育的研究。

[10] 王湘浩（1915-1993），河北安平人，数学家，计算机科学家，教育家。1955年当选为中国科学院学部委员。

[11] 庄圻泰（1909-1997），山东莒南人，数学家，北京大学教授。

[12] W. F. 奥斯古德（1864-1943），美国数学家，哈佛大学数学系教授。曾于北京大学讲学两年。

[13] 郑华炽（1903-1990），广东中山人，光谱学家、物理教育家，我国利用光谱学探讨物质结构的先驱者之一。

和霍秉权①学习普通物理学，向马大猷②学习电学，向张龙翔③先生学习普通化学，向孙承谔④学习物理化学，向卫德明学习德语。这些基础学科的课是跟其他系的专业课程上的，比如，数学是跟着数学系的同学一块上。

另外，北京大学图书馆和地质系图书馆的丰富馆藏，地质陈列室中系统成套的岩石、矿物、矿物晶体和古生物化石标本，为於崇文学习理论知识和动手实践提供了极大的便利，为他后来进行地质学研究，充分利用各级图书馆和文献情报机构丰富多学科的知识和掌握最新国际学术动态奠定了基础。

图 3-7　1949 年，北京大学地质系师生在门头沟野外地质实习留影（右 1 为於崇文）

从课程设置来看，北京大学地质系教学注重理论与实践，几乎每一门专业课都设有野外实习。野外实习不仅使学生学会了野外工作方法，练好

---

① 霍秉权（1903-1988），湖北黄冈人，物理学家、教育家，我国首批从事宇宙射线、高能物理和核物理研究的物理学家之一。
② 马大猷（1915-2012），广东汕头人，国际著名声学家、中国著名物理学家和教育家，中国现代声学的重要开创者和奠基人，1955 年当选为中国科学院学部委员。
③ 张龙翔（1916-1996），浙江吴兴人，生物化学和分子生物学家，教育家，曾任北京大学校长。
④ 孙承谔（1911-1991），山东济南人，物理化学家和化学教育家。主要从事化学动力学的研究工作，是中国早期从事化学动力学研究的先驱之一，长期担任北京大学化学系主任。

图 3-8　北京大学地质系 1950 届学生北戴河野外地质实习合影（二排左 2 为於崇文，左 3 为李四光；一排左 1 为王嘉荫，左 2 为孙殿卿）

了基本功，认识了各种岩石、地层与构造特征，更重要的是培养了学生对地质工作的兴趣，提升了学习地质学的信心。北京的门头沟、周口店和西山一带是地质系的主要实习地点，周口店被称为野外实验室，西山则被称为培养地质工作者的摇篮。除此之外，稍远一些的北戴河以及唐山的开滦煤矿、吉林的夹皮沟金矿等也是实习地点。

　　当时我们去实习，不像现在这样有很多房子可以借住，都是住在庙里头，大家轮流去买菜，自己做饭。所以，我们这些学生的能力是很全面的，在外面生活都能够自理。

　　野外工作让我得到了非常好的基础训练。现在有些同学个人能力比较差，比如我带着学生去野外转一圈，让学生谈一谈自己看到了什么，很多人讲不出来，因为他不知道看什么。这就是基础训练。

第三章　颠簸求学路　　*53*

有些学生要做些素描，不知道怎么下手，看起来这个事情好像不太重要，其实是要细心观察的。这种很细致的学习，都是要经过名师来指点和教导。西南联大以及后来的北京大学地质系就有一个好的风气。①

於崇文后来在教学与科研工作中一向注重理论与实践的结合，这与他在北京大学的学习不无关系。同时，北京大学"兼容并包，思想自由"的优良校风，培养了於崇文独立思考、自由探索的精神，为他以后的学术研究以及开拓创新奠定了坚实的基础。从北京大学毕业以后，於崇文对母校、对同学和集体的事情非常关心，同学们也常常聚会，每次於崇文都必到。他对北京大学的感情十分深厚。

图3-9　1998年，於崇文（左3）和部分同学在西斋宿舍门前合影

---

① 於崇文访谈，2013年3月22日，北京。资料存于采集工程数据库。

图 3-10 1998 年，於崇文（右 2）和杨起（右 1）院士参加北京大学百年校庆活动

第三章 颠簸求学路 | 55

第四章
步入教学生涯

1950年，於崇文从北京大学地质系毕业后留校任教，开启了他长达半个多世纪的教学生涯。1952年全国院系调整，他参与筹建北京地质学院，成为中国地质大学的创始人之一。在教学工作中，於崇文毕生从事地球化学教学工作。20世纪50年代，他在国内较早开设了地球化学课程，并主讲了矿物学、结晶学和数学地质等课程，为创建和发展我国的地球化学学科作出了重要贡献。

留任北京大学地质系助教

在北京大学读书期间，於崇文就是班级里的尖子生，他撰写的《辽东省清源县附近地质矿产调查报告》曾获得1949年度中国地质学会学生奖学金。於崇文学习态度特别认真，特别是他的课程笔记记得又完整又仔细，大学毕业的时候，一位分配到外地的同学专程找到於崇文，把他的一个记满笔记的本子要走了。

1949年10月1日，中华人民共和国成立。次年6月，於崇文完成了大学学业，从北京大学地质系毕业。新中国刚刚成立，百废待兴，国家急需专业技术人才。经过考虑，他决定服从学校安排，继续留在北京大学地质系从事研究与教学工作。1950年8月，於崇文被安排到矿物学教研室担任助教，从此开启了长达半个多世纪的教学生涯。

谈及当年自己留校任教的原因，於崇文说，一是系里的王鸿祯老师认为他学得还可以，要求把他留下来；二是自己也愿意留下来继续从事地质学研究工作。

图4-1 1950年，於崇文刚工作时的证件照

於崇文最初的工作是协助张炳熹[①]和马杏垣[②]两位教授，为学生解答问题，带领学生去野外开展地质实习，指导学生做毕业设计。

1951年暑假，地质学专业实习安排在东北地区，於崇文协助马杏垣教授带领学生们去考察清远铜矿变质岩区。那是学生们第一次接触变质岩，许多人根本不认识，马杏垣告诉大家变质岩的英文名词叫Metamorphic Rock。同学们爱开玩笑，有些岩石不认识了，就取名叫"狗不懂那个"。每当这个时候，

图4-2 1951年，於崇文带领学生去野外实习

---

① 张炳熹（1919-2000），河南社旗县人，矿床地质学家。1936年考入北京大学地质系，1940年毕业留校国立西南联合大学任教，1943年考取留美公费，1946年到哈佛大学地质学系和矿物学系攻读研究生。1950年获博士学位，回国后任北京大学地质学系副教授。1980年当选中国科学院学部委员。

② 马杏垣（1919-2001），河北乐亭人，构造地质学家，地震地质学家。1942年毕业于西南联合大学地质地理气象系。1948年获英国爱丁堡大学哲学博士学位。曾任北京大学教授，北京地质学院教授、副院长，国家地震局副局长兼国家地震局地质研究所所长。1980年当选中国科学院学部委员。

第四章 步入教学生涯

於崇文和大家一样开心地笑,并没有责备学生。实习结束后,在结算旅费时,於崇文发现有一位同学并未退回 2 万多元的剩余旅费(旧币 1 万元约等于新币 1 元),但这位同学已经离校,於崇文只好自己垫补上了。这次外出实习,於崇文不但从专业上给大家提供了非常多的帮助,还以人格魅力和亲和力,赢得了系里学生们的好评,也成为青年教师学习的榜样。

1950 年 6 月 25 日,朝鲜战争爆发。10 月 19 日,中国人民志愿军赴朝鲜战场作战,国内也迅速掀起了抗美援朝运动。10 月 27 日,北京大学化学系教研组在讨论美帝侵略朝鲜与我们应该持什么态度时,有人建议发起签名上书毛主席的行动,得到了大家的积极响应。第二天化学系贴出墙报,并通知各系征求签名,迅速得到几乎全校教员的支持。在联名书上,汤用彤、曾昭抡、王鸿祯、饶毓泰、钱端升、马大猷等 376 名北京大学教员签字表明态度和决心,作为助教的於崇文也签下自己的名字,表示愿意献出最大力量支持抗美援朝。

1950 年 12 月 12 日,中华全国自然科学专门学会联合会、中华全国科学技术普及协会发表联合宣言,号召全国理工农医各方面的自然科学工作者贡献一切力量服务国防建设。为响应号召,1951 年 1 月,北京大学理、

图 4-3　1950 年 10 月,北京大学教职员聚集在一起签名拥护各党派联合宣言

工两学院全体教授、讲师、助教共 182 人签名发表声明，表示要贡献一切力量为国防建设工作服务，以实际行动来贯彻抗美援朝、保家卫国的决心。① 於崇文也在这个声明上签下了自己的名字。

抗美援朝开始后，北京大学师生纷纷报名"参军参干"运动，积极捐献慰劳品和写慰问信，通过多种方式贡献力量。与此同时，我国也开始大量接受朝鲜留学生，他们的学习费用和生活费用全部由我国支持。② 其中，有一部分留学生被分到了北京大学，他们主要学习战争时期急需且应用性较强的专业。北京大学矿物学教研室承担了朝鲜留学生们的矿物学课程。於崇文负责实习课程的指导工作，他每次都耐心细致地讲解，给朝鲜学生留下了良好印象。

新入职北京大学助教岗位的於崇文，在工作中勤勤恳恳，兢兢业业。在近两年的时间里，完成了一学期的普通地质学实习指导和两个学期的普

图 4-4　1951 年，於崇文（右 1）指导朝鲜学生矿物学实习

---

①　北京大学理工学院全体教授讲师发表声明，拥护全国科联科普号召，决心贡献一切力量服务国防建设。《人民日报》，1951 年 1 月 10 日。

②　金晓达：《外国留学生教育学概论》。北京：华语教学出版社，1998 年，第 16 页。

第四章　步入教学生涯

通矿物学实习指导任务。1952年，於崇文由于表现出色被评为北京大学优秀青年教师，地质系主任孙云铸为其工作考绩撰写评语"助教於崇文工作负责"，表达对其工作的肯定。

憾失留苏机遇

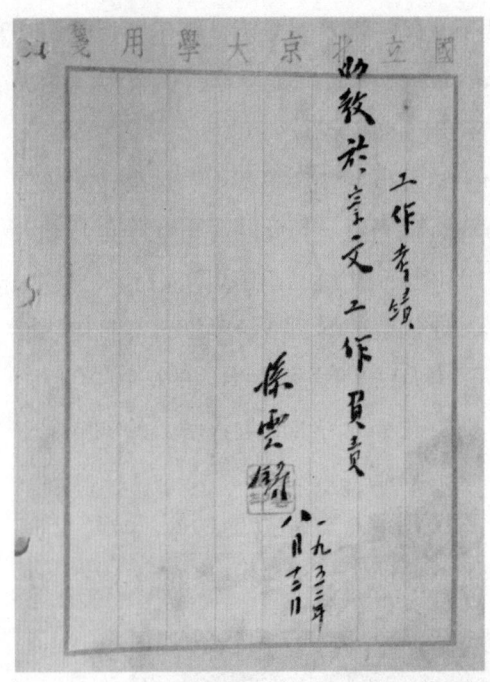

图4-5　1952年，孙云铸对於崇文工作考绩评语

中华人民共和国刚刚成立，百废待兴，各领域都急切需要大批建设人才。为了学习先进技术，中国政府陆续向苏联派出了许多留学生。1951年8月，成立不久的中央政府派出留学生380名，其中留苏学生375名，由此拉开了留学高潮的大幕。此后，一批批留苏学生走出国门。1952年初，留苏预备学校在北京俄文专修学校内设立，6月正式命名为留苏预备部。

留学生的选拔工作，事关国家的未来，是一项无比严肃的政治任务。高等教育部、人事部联合发布《关于1953年选拔留苏预备生的指示》，指出选派留学生是直接向苏联学习，培养高级专门人才的方法，对祖国建设有着极其重大的作用，要求有关部门、机关、学校要视此工作为重大的政治任务，认真按照选拔办法的规定来实施选拔工作。[①] 因此，各部门严格遵循一套严格的近乎苛刻的选拔标准和工作程序，以确保遴选出最可靠、最优秀的未来建设者。当时，中央各部门分别对留学预备人员进行严格审查。其中，政治面貌的审查由人事部负责，文化素质的审查由高等教

---

① 李滔：《中华留学教育史录：1949年以后》。北京：高等教育出版社，2000年，第114页。

育部负责，健康状况的检查由卫生部负责。

留学生选派本着"严格选拔，宁缺毋滥"的方针。所有留苏人员都要"过三关"。第一关是学习和考试成绩。被推荐的人员要在学习或工作期间成绩保持优秀，具备良好的学习能力和培养潜力。除应届高中毕业生以高考成绩为准，进修生仅考核俄语成绩外，其他类型的教育部派出留学人员，都需要参加国家统一组织的留学生考试。第二关是政治审查。不仅要求被审查对象思想进步、道德品质优秀、政治上可靠，而且其家庭成员和主要的社会关系在政治上也必须清白。在选拔进入留苏预备部前，各省、市先要进行初审，初审通过后再送高教部终审；进入留苏预备部后，校方还要组织专门人员进行外调，进一步落实学员及其家庭关系的政治背景。这种层层审查的过程，被戏称为"小米筛子加细箩"。第三关是体检。为此，教育部协同卫生部制定了周密的体检规范。

政治审查是选拔工作中的重要环节。於崇文参加了1952年的留苏预备生选拔，政治审查表上的审查标准是这样要求的：历史清楚绝对可靠，在学习和工作中一贯表现忠实积极，思想进步，品质优良，纪律性强，有钻研精神及培养前途者，审查时应明确说明是否合格。

当时各校在选拔留苏预备生时都极为缜密认真。北京大学的选拔工作人员主要由系主任、教研室主任和中国共产党、中国新民主主义青年团学校委员会干部组成，提出优秀学生和优秀青年教师名单，再由校领导批准。於崇文作为优秀青年教师，参加了选拔留苏预备生统一考试。

为了弄清选拔对象的政治情况，许多学校进行了忠诚老实运动，动员预备生填写表格或写自传。北京、上海、武汉等地的学校投入较大力量，花了较长的时间分赴各地进行调查，以取得可靠的旁证材料。[①] 於崇文在忠诚老实运动中撰写了个人自传，交代了在零陵耐火砖厂和清华服务社的两段打工经历。经过调查，北京大学认为他"在'三反'中进步很大，纪律性强，能钻研业务，有培养前途，合格"。虽然北京大学认为他是合格的，但上报后仍然没有通过。可见留苏审查是多么严格，以至于当时有一

---

① 黄新宪：《中国留学教育的历史反思》。成都：四川教育出版社，1991年，第201页。

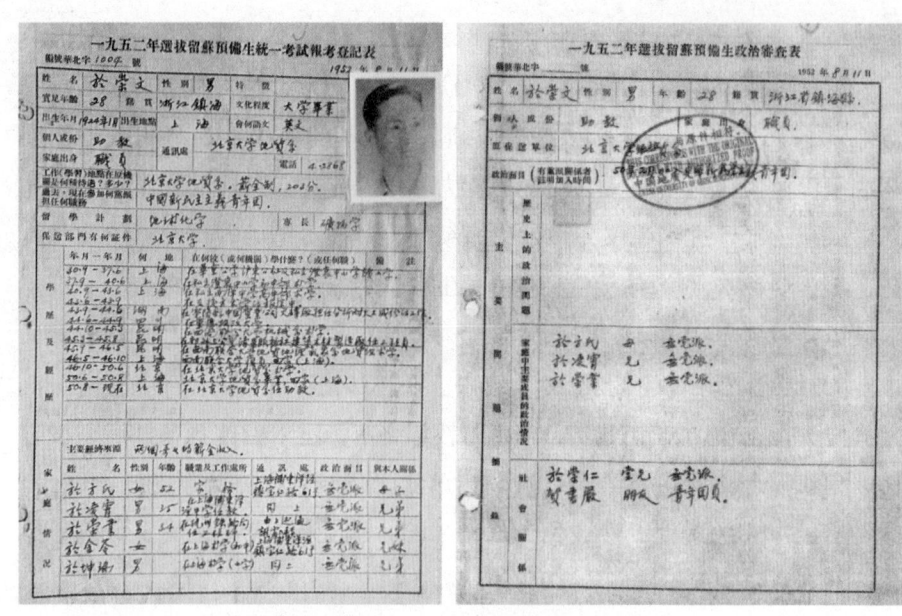

图 4-6 1952 年选拔留苏预备生统一考试报考登记表和政治审查表

种说法："够得上入党条件，却不一定够得上留苏条件。"

  20 世纪 50 年代有一阵留苏热潮，有些同志去了。当时对我的一个审核没有通过，我猜想，但也不一定是。我一生都没有参加过政治运动，没有这方面的问题，我一直是沿着正确的方向走的，但也可能有这样那样的一些组织有些想法。

  后来我回过头来想，我从小学、中学到大学，都是名校。我觉得自己还是很幸运，虽然失去留苏这个机会，但是我所受的教育对我的影响还是很大的，我自己非常满意。①

  失去了这次留苏机会，於崇文后来没有再碰到其他留学机会，没有继续攻读研究生，这也让他成了少数几位国内自主培养的且只有本科学历的院士之一。

---

① 於崇文访谈，2013 年 5 月 24 日，北京。资料存于采集工程数据库。

转至北京地质学院

1952年4月16日,全国高校院系大调整的序幕正式拉开。随后,中国地质工作计划指导委员会会商教育部后,决定成立北京、东北两所地质学院。7月14日,北京地质学院筹备委员会成立,李四光任主任委员,尹赞勋、高之狄、孙云铸、马杏垣、袁复礼、张席禔、池际尚、王炳章、韩德馨任委员。学院筹备委员会确定聘请苏联专家罗格诺夫协助工作。两天后,学院筹备委员会办公室开始办公,下设秘书组、教学组、人事组、设备组和房屋组,筹备工作正式展开。[1] 11月,北京大学地质系、清华大学地学系地质组、天津大学(原北洋大学)地质工程系、唐山铁道学院采矿系地质组以及西北大学地质系合并成立北京地质学院。刘型被任命为首任院长,王鸿祯、王炳章、马杏垣、张炳熹、池际尚[2]等分别担任地质矿产勘察系和古生物地史教研室、矿物结晶教研室、普通地质教研室、岩石矿产地质教研室、地质矿产专修科等几个主要专业教研室主任。

在筹建转调过程中,於崇文承担了实验室的安排和标本的管理等工作。此次院系调整,北京大学地质系的教职工、学生和图书设备仪器标本等几乎全部转了过来,成为组建北京地质学院的基石。谈及当时对这次院系调整的看法,於崇文说:"当时没有什么看法,但现在看来,那时如果北京大学地质系能保留一部分应该会更好。"[3]

为了及时掌握教员的政治情况和个人态度,1952年7月,北京大学对涉及院系调整的教员情况进行了摸底调查,为新建院系的教学研究工作快速而有效开展提供重要的资料信息。摸底调查包括政治情况、院系调整中

---

[1] 郝翔,王焰新:《中国地质大学史:1952-2012》。武汉:中国地质大学出版社,2012年,第4页。

[2] 池际尚(1917-1994),女,湖北安陆人,石学家、地质教育家。1941年毕业于西南联合大学,1947年和1949年获美国宾夕法尼亚州布仑茂学院硕士学位和博士学位,1952年到北京地质学院任教授并担任地质矿产专修科主任,1980年当选为中国科学院学部委员。

[3] 於崇文访谈,2013年5月24日,北京。资料存于采集工程数据库。

的思想情况、教学研究情况。其中，院系调整思想情况主要为掌握教员对院系调整的意见、个人顾虑（能否服从组织分配、有何困难），教学研究情况则为了解教员的最后学历（国内、国外）、通晓何种外文及程度、研究经历、有无研究能力及培养前途、教学经历、能够担任的课程、教学能力以及是否可以独立开课等情况。此次对於崇文个人情况调查的结果为："拥护院系调整，能服从组织分配，北京大学学历，英语笔译水平、初学俄文，有研究能力及培养前途，担任过地质学和矿物学实习指导，能够担任岩矿方面的课程，能独立教学，可以独立开课，有钻研精神。"最后处理意见为"有研究及教学能力"。①

1952年11月1日，北京地质学院举行首届开学典礼，全院共有在校学生1563人；教员仅108人，其中教授、副教授29人，讲师15人，助教64人，教学研究力量相对薄弱。因此，提高教学质量、培养和提高师资、翻译与编译教材、逐步展开科学研究工作，成为建院初期的主要工作任务。

转调过来后，於崇文被分到了矿物结晶教研室，除教研室主任王炳章②教授外，还有陈光远③副教授，以及几位同於崇文一样的年轻助教，如清华大学地质系的曹添④、彭志忠⑤。由于於崇文在北京大学地质系有两年的助教经历，转调地质学院以后，虽然仍是助教身份，但立即被委以教学任务，负责讲授矿物学与结晶学两门课程。其中，前者每周讲课三小时，后者每周讲课两小时。

---

① 於崇文人事档案：教员情况调查登记表，1952年7月。存于中国地质大学（武汉）档案馆。
② 王炳章（1899-1970），河北深泽人，著名矿物学家。1924年毕业于北京大学地质系。长期从事地质学，主要是矿物学的教学和科研工作，先后执教于北洋大学、清华大学、中山大学、云南大学、北京师范大学、天津大学、北京地质学院。曾任北京地质学院图书馆馆长。
③ 陈光远（1920-1999），地质学家、成因矿物学家。1943年毕业于西南联大地质地理气象学系，1951年获瑞典乌普萨拉大学副博士学位。长期从事结晶学、矿物学，特别是成因矿物学与找矿矿物学的教学与科研工作。
④ 曹添（1926-1982），江苏南通人，地球化学家。1950年毕业于清华大学地质系，是北京地质学院建校筹备组成员之一。长期从事结晶矿物学和地球化学的教学和科研工作。
⑤ 彭志忠（1932-1986），湖北天门县人，中国结晶学家、矿物学家。1952年毕业于清华大学地质系，曾任北京地质学院副教授，武汉地质学院及北京研究生部教授。担任过中国地质学会矿物晶体学委员会主任、中国新矿物专业委员会副主任和国际结晶学会教育部顾问等。

地质学院成立初期，教学、科研和办公条件都十分困难，要为上千名学生开设各种课程，任务异常艰巨。矿物结晶教研室的教师多数都是年轻人，教学经验不足。为了完成教学任务，年轻的教员边摸索边积累经验。《人民教育》1953年第5期载有一篇地质学院化学教研室教员张永巽介绍自己初开化学课经验的文章，其中着重提到，试讲、听课和讨论教材的制度给了她很大帮助。①

与张永巽相似，於崇文也是在摸索中逐渐积累出一套"自导、自编、自印、自演"的教学流程。所谓"自导"是按教学大纲的内容和要求自行选定教学内容，"自编"是自己编写教材讲义，"自印"是自己动手刻写蜡版、推油印机印刷讲义，"自演"是自己讲课、答疑、辅导和批改作业。

院系调整是在苏联专家的建议指导下进行的，所设课程及教学大纲基本沿用苏联模式。虽然苏联专家提供了各门课程的教学大纲和教材，但是苏联是五年制，而中国是四年制，是把五年的知识压缩至四年内讲完，还是删减一部分内容？这需要教师们自己设计教学内容。这一阶段，很多教研室采取集体讨论的方法，集思广益。

教员自行设计好教学大纲后，在实际教学中，教材又成了一个问题。由于教材都是俄文的，教员只能自己编写讲义。很多教研室都是在有教学经验的教师带领下，发挥集体力量，突击翻译和编写各门课程的讲义。於崇文负责的矿物学课程，就是由自己编写讲义作为学生教材。1952—1956年，北京地质学院教师自编教学大纲135种，翻译大

图4-7 於崇文编著的《矿物学》教材

---

① 张永巽：我怎样教化学．《人民教育》，1953年第5期，第11-13页。

第四章 步入教学生涯　65

纲 122 种，自编讲义 238 种，翻译讲义 89 种。这些讲义教材不仅保证了本校的教学需要，还提供给其他院校参考，在国内广受好评。

由于学生多、教师少、设备缺，各教研室的教师都是自己编写讲义，自己动手刻写蜡版，自己推油印机印刷。有的课程需要教师自己制作结构模型、手绘分子结构图，或者将采集的大量标本进行鉴定，分门别类配成一套套实习标本。教完课还需要负责许多班学生的实习、答疑辅导和批改作业的任务，工作量巨大。

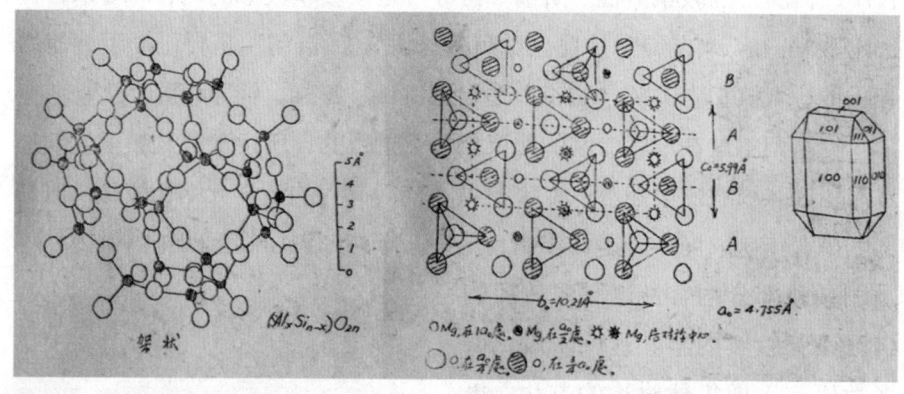

图 4-8　於崇文在《矿物学》教材中手绘的分子结构模型

当时我国向苏联"一边倒"，从教学体制到教学内容、教学方法一概向苏联学习。於崇文白天工作，晚上突击学习俄语。初执教鞭的他一腔热情，既当学生又当老师，每天都处于紧张的工作状态，常常是通宵达旦，有时凌晨刚印完讲义，就从端王府夹道蹬车赶往沙滩地质馆讲课。

矿物学与结晶学是地质基础课程里的物质成分方面的课程，能够教这两门课程对我个人的成长应该说是非常重要的。当时我刚刚毕业三年，就升为讲师，可以开课。教材是苏联的，我没有学过俄语，晚上也要突击学。学了一年俄语，专业的东西可以看懂了。另外，我还参考了英文版的教材，因为英文我比较熟悉，用起来比较快，英文和俄文两方面的知识都吸收进来了。编讲义最困难的是手绘分子结构插图，因为分子结构都是小圆圈，不太好画，要求比较高。我教课一年下来，经常是通宵的，因为要做这么多事情啊！做完以后还要到学校，学校不在我住的地方。所以我经常没有睡觉，还要照样去讲课。后来我回过头想，一个人原来可以有这么大的潜力，这恐怕相当于五个人的工作量了。[1]

北京地质学院成立初期，校园分散，教师们常常奔走于北京端王府夹道、沙滩和宣化地质学校穿梭上课，每天都是超负荷运转。虽然辛苦，但也干劲十足。一年下来，於崇文出色地完成了繁重的教学任务，于1953年顺利晋升为讲师。

"两位仁杰"

当时，在北京地质学院矿物结晶教研室曾经流传着"两位仁杰"的说法，一位是彭志忠，另一位是於崇文。翟裕生[2]院士回忆说："当时北京地质学院青年教师里面最杰出的两位代表，一位是清华大学毕业的彭志忠，搞晶体结构；另一位就是北京大学毕业的於崇文，钻研得最深、学习得最刻苦、探索得最全面。在青年教师里面是'向科学进军'的典范。"[3]

彭志忠于1952年毕业于清华大学地质系，1953年到北京地质学院矿物结晶教研室任教。1956年首次合作测定了葡萄石的晶体结构，突破了W. L. 布喇格于20世纪30年代建立的硅酸盐分类体系，攻下了20多年没有搞清楚的一个最重要的硅酸盐结构。1959年领导建立了中国第一个矿物晶体结构分析实验室，成为中国矿物晶体结构和晶体化学研究领域的学术带

---

[1] 於崇文访谈，2013年5月24日，北京。资料存于采集工程数据库。
[2] 翟裕生（1930- ），河北文安人，矿床学与区域成矿学家。1952年从北京大学地质系毕业后分配到北京地质学院。曾任武汉地质学院副院长、中国地质大学（北京）校长。1999年当选为中国科学院院士。
[3] 翟裕生：在於崇文九十华诞庆典上的发言，2013年11月3日，北京。资料存于采集工程数据库。

头人。

相比于彭志忠突出的科研成就，於崇文重在教学方面，这不仅是因为他入校就承担了两门重要专业课程的教学任务，还反映在他编写教材、善于教学，富有钻研精神。他的课程内容新颖，经常给人耳目一新的感觉。此外，他还在国内较早开设了地球化学课程，参与筹设地球化学专业及其教研室，填补我国地球化学学科的空白。

概括地说，地球化学是研究地球的化学组成、化学作用和化学演化的一门新兴学科。1924年，李四光和舒文博在《中国地质学会志》分别发表《火成侵入体地质调查之新法》和《豫北红山侵入体地质调查结果》两篇论文，用以研究侵入体的岩石化学组分与矿物成分之间的关系，标志着近代中国地球化学研究的兴起。[1] 1950年9月，涂光炽[2]回国后被聘为清华大学副教授，讲授地球化学和矿物学两门课程，开创了在中国高校首次设置地球化学课程的先河。可惜仅一年时间，涂光炽就奔赴苏联莫斯科大学进修，地球化学课程也随之中断。

於崇文在北京大学地质系学习期间，就曾了解到地球科学有两大分支，即地球历史科学和地球物质科学。其中，地球物质科学是矿物学、岩石学、矿床学、地球化学等学科的总称，是地质学的基石。在两年的助教实践中，於崇文认识到"发展地球科学必须走地球科学与基础学科相结合之路"，他决定选择地球化学作为自己在学术研究上的方向，并培养起对于地球化学的兴趣，而且也打下了初步基础。

中华人民共和国成立以后，国家对矿产资源的需求十分迫切，促进了地球化学学科的发展。20世纪50年代初，由于钢铁工业急需锰矿，侯德封、叶连俊等应用锰的地球化学知识扩大了湘潭锰矿的储量资源，嗣后又用地球化学的方法先后在不少地区找到了锰矿，并作出成矿远景评价。前

---

[1] 杨守仁，李凤棠，张臣：《中国地学通鉴：地质卷（上）》。西安：陕西师范大学出版社，2018年，第439页。

[2] 涂光炽（1920—2007），地球化学家，湖北黄陂人。1944年毕业于西南联合大学地质系，1949年获美国明尼苏达大学理学博士学位。1950年9月回国担任清华大学副教授；1951—1954年在苏联莫斯科大学进修，获副博士学位。历任中国科学院地质研究所研究员，地球化学研究所研究员、所长。1980年当选为中国科学院学部委员。

后3年的时间就解决了我国锰矿资源问题,是地球化学学科服务于国民经济的良好范例。50年代中期,为了独立自主发展我国原子能工业和核武器,国家急需铀矿资源,也急需地球化学专业人才。

1955年,北京地质学院确定增设地球化学课程,并特意邀请苏联专家拉德什来地质学院为教师们讲授地球化学知识。於崇文对此非常关注,一边听讲一边自学。由于於崇文既有矿物学讲课经验,又有物理化学基础,加上他对地球化学非常感兴趣,学院最终将这门课程的任务交到了他的手里。

> 地球化学起先在北京大学叫矿物学,是地质科学里物质科学的专业基础。
>
> 地球化学这门课以前我们国家是没有的,就请了基辅大学的一个教授来讲学和开课,给教员讲地球化学。后来学校让我来开(这门课),因为我有矿物学基础,还有物理化学基础,是可以转过来的。
>
> 我是怎么做的呢?我一边听基辅大学的教授用俄文讲课,一边学习西方的文献,自己编了一本教材。苏联专家用的是俄文教材,是针对教员的。我用自己编的教材,是针对学生的。
>
> 在我们国家,地球化学这个学科引进最早的是涂光炽先生,他当时从美国回来,知道有这些东西,所以一回到国内就开设了这方面的课,开课时间比我早一点。与涂光炽先生的课相比,我的课程涉及的面更大,是整个地球化学的课程,学生人数也更多一些。①

为了讲好这门新课,於崇文边学边教,一边向苏联专家学习,一边研究英美国家的文献。1956年起,苏联开始定期出版专业刊物《地球化学》。为及时了解专业发展动向,地质出版社不定期出版《地球化学专辑》,主要刊载苏联和其他国家最新的专业论文。於崇文在学习和备课之余,积极参与专辑文章的翻译工作。1956年10月出版的《地球化学专辑:第1辑》,其中的第一篇文章就是由於崇文翻译的苏联学者别捷赫琴的《论地球化

---

① 於崇文访谈,2013年5月24日,北京。资料存于采集工程数据库。

学的任务》。1957年12月出版的《地球化学专辑：第2辑》共有9篇译文，其中4篇是於崇文翻译的，分别为维诺格拉多夫的《地球化学发展的道路》、谢尔宾纳的《由于氧化还原作用的结果元素在地壳中的浓集与分散》、卡普斯琴斯基的《元素在地球各带中的分配和原子容积》和《地圈和原子的化学性质》。其后，几乎每期都有於崇文的译文。

兴趣是最好的老师。於崇文开设地球化学课程源于他对这一专业的浓厚兴趣，而在备课和讲课的过程中，兴趣又促使他不断获取地球化学新知识。一段时间下来，他所掌握的专业知识已远远超出了原设计的教学大纲范围。他讲授的地球化学课非常有特色，深受学生们的欢迎。

"三驾马车"

1960年2月25日，地质部下发《关于地质学院若干重大问题的决定》，确定北京、长春、成都三所地质学院共同增设勘探机械设计与制造、勘探仪器设计与制造、物探仪器设计与制造、无线电设备设计与制造四个专业，北京地质学院单独设物探测井、海洋物探及地球化学三个专业。其中，地球化学专业实行四年学制。[①]

按照地质部指示，同年5月，北京地质学院成立了地球化学勘探教研室，设在地质矿产二系，曹添为教研室主任，抽调矿物结晶教研室於崇文、张本仁[②]，物探系林名章、阮天健、张承亮，以及地质勘探系4名即将毕业的预备教员李泽九、崔续昌、骆庭川、张伯行组成教研团队。6月，教研室正式命名为地球化学及地球化学探矿教研室（简称"地球化学教研室"），明确定为地球化学及地球化学探矿专业（简称"地球化学专业"），

---

① 中国地质大学大事记编委会：《地大60年（1952-2012）》。武汉：中国地质大学出版社，2012年，第24页。

② 张本仁（1929-2016），安徽省怀远人，1952年毕业于南京大学，后被录取为北京大学地质学院研究生，并留校任教，长期从事区域岩石圈地球化学的教学和科研工作。1999年当选为中国科学院院士。

并将地质勘探专业 3 个年级的学生整建制地直接转为地球化学专业。9 月，地球化学及地球化学探矿专业正式招收第一批新生入学。至此，北京地质学院成为国内第一所培养化探专门人才的高等学校。①

地球化学教研室及地球化学专业的筹建由曹添领衔，於崇文和张本仁

图 4-9 1961 年 12 月，地球化学及地球化学探矿教研室全体教员合影（三排左 2 为於崇文）

图 4-10 1962 年 7 月 28 日，地球化学及地球化学探矿专业首届毕业班师生合影

---

① 谢学锦，李善芳，吴传璧：《二十世纪中国化探（1950–2000）》。北京：地质出版社，2009 年，第 445 页。

第四章　步入教学生涯

图4-11 地球化学教研室的"三驾马车"（前排右起：曹添、於崇文、张本仁）

图4-12 《地球化学》封面

协助。由于三人的突出贡献，当时被称为创建地球化学专业的"三驾马车"。中国矿物学家王璞[①]回忆说：

50年代"两位仁杰"的提法一直持续到1960年地球化学专业成立，此后，又换了另外一种提法，那就是"三驾马车"。那时，地球化学专业刚刚成立，当时有三位老师，曹添、於崇文、张本仁，他们三位共同驾驭着走向地球化学领域的这样一驾马车，建立了北京地质学院第一个地球化学专业。多年后，这三个人的名字还常常被同时提起。[②]

地球化学专业筹建后，於崇文因在地球化学上有比较好的基础，以其为主力，联合教研室的曹添、张本仁等共同编写了高等学校教材《地球化学》，1962年由中

---

① 王璞（1926-2022），北京人，矿物学家。1949年毕业于清华大学地质系。长期从事矿物学的教学和科研工作。

② 王璞：在於崇文九十华诞庆典上的发言。2013年11月3日，北京。资料存于采集工程数据库。

国工业出版社出版。

在忙于教学的同时，於崇文不忘关注和思考最新的学术动向。当时，不可逆过程热力学理论刚被提出，国内的化学界对此都还很陌生，於崇文把它用到了地质学领域，首次将矽卡岩体交代作用物质进行了不可逆过程热力学的探索性研究，并于1963年在北京召开的第一届全国矿物岩石地球化学学术会议上，宣读论文《双交代矽卡岩形成的不可逆过程热力学研究》，鲜明地提出了运用不可逆过程热力学于地球化学的新观点和新方法，使人耳目一新。这是国际上首次将不可逆过程热力学应用于地学研究，国外于20世纪70年代才开始此类研究工作，但主要局限于变质作用和包含矿物与水溶液的地球化学过程中不可逆反应的计算。[1]

1963年12月，於崇文的工资级别由高教八级升至七级，仍为讲师待遇，工资数额也仅仅提升十几元。从升级理由中对他的业务评价，可以看到当年於崇文的教研工作情况：

> 曾多次讲授结晶学、矿物学、地球化学，教学效果较好，多次领导教学实习和生产实习，有较好的野外与室内工作能力，具有指导研究生的能力，曾协助苏联专家培养过研究生，现在指导三个研究生。在地球化学上有比较好的基础，有一点个人见解，曾参加过湘赣闽浙四省区域地球化学的研究工作，目前正在探讨解决将不可逆过程热力学的最新成就运用于地质学的问题。能整体地阅读英文和俄文专业书籍。[2]

由于业务能力强并且贡献突出，1964年2月29日，於崇文被任命为地球化学教研室副主任。这也是於崇文说的自己"一直未做过官，仅做过一段时间的教研室副主任"。

"文化大革命"时期，地球化学教研室经历了几轮迁校，几乎处于被取消的状态。然而，为了给国家培养专业人才，教研室的老师们把课堂搬

---

[1] 於崇文，骆庭川，鲍征宇：《南岭地区区域地球化学》。北京：地质出版社，1987年，第31页。

[2] 於崇文人事档案：工资级别评定表，1963年9月。存于中国地质大学（武汉）档案馆。

到野外和矿山。1969年起，地球化学教研室的老师们将工作积极投向野外地质队、物化探队及有关部门和学校等，开展以教改小分队和培训班为主要形式的教学和科研活动，向生产一线的技术人员传播地球化学和地球化学探矿的理论知识和技术方法。其间，地球化学教研室的人员还参加了"北京西郊首钢地区环境污染调查与评价研究"项目，项目成果受到1978年全国科学大会表彰。

"文化大革命"期间，一度有个别系的领导认为地球化学专业没有太大的实际作用，想把它取消，但我们坚决没有同意。这是一次。还有一次是八几年，我们已经从地球化学专业发展成地球化学系，有一部分人员搬到湖北去了，当时湖北那边的领导想把我们系跟地球物理那些专业合并。我们一再提出不同意见，口头的还有书面的，都没有用。所以有段时间这个系消失了，后来经过多次努力我们又把它恢复了。①

尽管充满了困难和挫折，但是，以於崇文为代表的地球化学教研室领导者，凭借对地球化学专业方向坚定不移的信念、对培养国家需要的专业人才的高度责任心和战胜各种艰难困苦的胆略和勇气，不但克服了各种困难，还使地球化学专业不断拓宽和提高，并持续保持国家重点专业的荣誉。地球化学专业逐渐发展为区域地球化学、理论地球化学、勘查地球化学和环境地球化学4个主要方向，并在国家经济建设、专业人才培养和学科建设等方面作出了重要贡献。

作为地球化学专业的奠基人之一，於崇文功不可没，但他从不居功自傲。2012年，於崇文在回忆曹添的文章中将其称为"创建我校地球化学与地球化学找矿专业的'功臣'"，表达了对曹添所作贡献的充分肯定与赞誉。他还纠正"三驾马车"之说并不全面，其中还应有林名章、阮天健、张承亮、朱有光、刘文华等其他教员的功劳，还有地球化学与地球化学探矿系的高年级学生实际上也参加了专业的建设。

---

① 於崇文访谈，2013年5月24日，北京。资料存于采集工程数据库。

组 建 家 庭

1950年，於崇文留任北京大学参加工作时，已经26岁了，这在当时已经算是"晚婚"年龄。1953年，於崇文在北京地质学院升任讲师后，又忙于教学工作，无暇顾及个人问题。在母亲和其他家人的一再催促下，於崇文才开始重视起来。此时，於崇文已经认识了在数学教研室任助教的蒋耀淞，两人在接触过程中感情日渐深厚。1957年底，於崇文与蒋耀淞喜结连理。

图4-13　1957年，於崇文与蒋耀淞结婚照

蒋耀淞1931年5月出生，原籍江苏省宜兴市，1948年考入燕京大学数学系，1952年毕业后留任北京大学当助教，同年底转到北京地质学院，被安排到数学教研室。此后，长期从事基础数学及概率统计方面的教学和科研工作。曾开设高等数学、数学分析、线性代数、概率统计、多元统计、地质统计学等课程，著有《概率统计》《多元统计分析方法》。

婚后，於崇文还把母亲从上海接过来住了一段时间。

由于地质学专业的野外工作较多，於崇文经常出差，在家陪伴妻子的时间相对较少。蒋耀淞非常理解，从无怨言。1958年2月，蒋耀淞被定为"右派"，并开除党籍，这对她的打击非常大。

图4-14　1959年，於崇文夫妇和母亲在一起

第四章　步入教学生涯　75

同年，女儿於群出生。

於崇文非常关心孩子的生活和学习。因为经常参加野外地质工作，在家陪伴女儿的时间很有限。有一次，他非常想念女儿，给女儿写了一封信，因为女儿还小，不识字，於崇文就画了一张画附在后面。画上有一座大山，山上有很多树，树上结满了果子，树下有一个人在敲打石块，旁边散落着很多树上掉下的果子。於崇文在信里解释说，画上的人就是自己，正在野外进行地质工作。信中他还不忘教育女儿说，地上虽然有很多果子，但是这个是公家的东西，不能拿。

1969 年，於崇文全家下放江西仁和干校，那时女儿刚读小学五年级。干校里没有小学，地质学院的老师们就自己组织了一个临时小课堂，收纳随父母下放的孩子们读书。虽然学制很不规范，但多少能学点知识。两年后，地质学院的干校准备从江西仁和迁到湖北沙洋，那里的条件更艰苦，女儿要上学几乎不可能。

於崇文当时正在福建教改小分队，听到这个消息后很是着急，孩子没有学上可怎么办？于是，於崇文专门从福建给在江西干校的蒋耀淞发了一封电报，电报很长，足足有三百多字，内容全为商讨女儿如何上学。后来提到这件事，蒋耀淞笑着说："来了一个三百字的电报，只是说女儿上学的事情。"这也成为大家经常提起的趣事。

1972 年，"五七"干校的管理有所松懈，有些下放干部借口各种理由开始返京，当时地质学院就有一家下放教师离开干校回到了北京。於崇文和蒋耀淞商议后，决定先将女儿送回北京，由蒋耀淞的母亲接送上学。

由于形势所限，当时大学不招生，高中教育很不规范，女儿於群读完初中后进入了一所技工学校，毕业后直接到工厂做工人，做小阀门铸造。

1977 年，关闭了 11 年的高考大门重新开启。9 月 19 日，全国招生工作会议传达邓小平指示，全面恢复高考，考试时间定在当年的 12 月。招生主要抓两条：一是本人表现好，二是择优录取。

得知高考恢复的消息，於崇文很想让女儿参加考试。由于於群还没有上过高中，於崇文决定让她自学高中知识。於崇文和蒋耀淞承担起辅导於群的工作。由于两人都还有教学任务，时间有限，考虑到於崇文的弟弟於坤瑞是学数学的，当时在中国科学院数学所任职，便请他帮助辅导课程。於坤瑞的邻居是教物理的老师，也被请来辅导女儿。

於群是工人，每天要按时上班，学习时间只有早起上班前和下班回家后的一点时间。有时蒋耀淞离开北京到武汉教课，照顾女儿的任务就落在了於崇文身上。他每天天不亮就起来给女儿做早饭，吃完早饭好让她赶紧学习一点功课。早晨复习完功课，再赶着去上班，晚上下班回来后，再抓紧时间复习功课，几乎每天如此。

图 4-15　1999 年，於崇文与蒋耀淞在宁波天一阁藏书楼

1977 年国家决定恢复高考时，距离当年的考试仅有三个月。由于准备

图 4-16　2004 年，於崇文一家合影

第四章　步入教学生涯　　77

图4-17　2003年，於崇文与蒋耀淞在浙江绍兴兰亭

不够充分，於群当年没有考上，又学习了一年，于1978年考上了华中工学院（华中科技大学前身）。在专业选择上，於崇文预见计算机专业在将来会有很大的发展空间，于是建议女儿选择计算机专业。

一个没有读过高中的学生，还要正常上班工作，仅用了一年多的时间，自学完成了高中三年的知识，并且考取了大学。这其中的艰辛恐怕只有於群自己知道。当然，也正是有於崇文、蒋耀淞这样的父母坚持不懈的付出和鼓励，於群如愿地考上了大学。

第五章
历经波折

用於崇文自己的话来说，1949 年以后，所有的大小运动都经历了，没有错过一场。对待各式各样的"运动"，於崇文总是坚持一种态度：你搞你的，我做我的。这让於崇文即使在艰难的处境下，仍然能够乐观对待，坚持做好自己分内的工作。

思想改造与转变

1949 年以后，还在北京大学地质系读书的於崇文对于新的革命形势和中国共产党持有的是"虽然不是自觉的积极拥护但是也并不反对"的态度。团组织成员宋国荣曾经跟於崇文谈起过入团的事情，起初他认为只要自己学好业务还是可以和团员一样为人民服务，所以没有入团的必要。

1949 年下半年，於崇文被选为北京大学地质系系会干事，在组织系会活动时，他逐渐体会到"只有作为同学中的一分子和同学们一同工作，才能把事情做好，完全依赖个人的想法是错误的"。1949 年 12 月 16—18 日，北京大学举行全校师生代表大会并庆祝北京大学 51 周年校庆，於崇文作为学生代表参加了这次会议，这次会议后於崇文的思想有了较大转变。慢慢地，他开始主动参加系里的早操和一些团体活动，在活动中进一步感受到团体的力量，遂有了入团的动机。这期间，他还主动阅读了斯大林的《辩证唯物主义与历史唯物主义》、沈志远的《新经济学大纲》等进步书籍。他将自己的思想转变过程总结为"在实际的工作中慢慢地体验到过去的错误，才把思想转变过来"。

等到宋国荣再次找他谈话时，於崇文已不像之前那样表示拒绝。宋国荣给了他一份入团申请书，说考虑好了就可以填写申请。於崇文填写了入团申请书，也如实地汇报了自己的入团动机和思想转变。1950年2月，於崇文的入团申请被组织批准，在意见中强调了要"克服自由散漫的作风，加强组织纪律性"。[1]

入团后，由于过去自由散漫惯了，加之团组织的频繁活动和纪律要求，让於崇文感到不适应。后来，他在自传材料中写道："因为当时对团的认识很差，主要是因为面子问题而入团，因此后来有过退团思想。主要是不习惯于团的组织生活，感觉到团的组织和纪律对于自己是一种约束。"[2]一方面向组织靠拢追求进步，另一方面又对组织的一些做法表示不解，特别是在排山倒海的学习批判中，在当时知识分子群体中出现这种思想斗争现象的不在少数。

接下来一系列过犹不及的运动成了校园师生们"热情而又无奈的负担"。为了进一步在知识分子中系统地清除旧思想影响和批判资产阶级思想，树立全心全意为人民服务的新思想，党中央决定从1951年秋开始，在全国范围内进行知识分子思想改造运动。11月30日，中共中央发出《关于在学校中进行思想改造和组织清理工作的指示》，思想改造的学习运动在教育界逐步展开。

1951年底，中共中央发出反对贪污、反对浪费、反对官僚主义的斗争号召，"三反"运动很快在全国形成高潮，给知识分子思想改造学习运动增加了新的内容。1952年2月，北京大学召开全校师生员工深入开展"三反"

---

[1] 於崇文人事档案：入团志愿书，1950年2月8日。存于中国地质大学（武汉）档案馆。
[2] 於崇文人事档案：我的自传，1953年6月8日。存地同[1]。

运动动员大会,汤用彤副校长在会上作了动员报告,强调从"三反"运动入手,彻底清除资产阶级思想。[①] 1952年5月2日,中共中央下发《关于在高等学校中批判资产阶级思想和清理"中层"的指示》,按照指示要求,各高校立即开始进行忠诚老实、交清历史运动。5月30日,北京大学全校停课,开始进行忠诚老实运动。

中华人民共和国成立初期,抗美援朝运动、镇压反革命运动、思想改造运动、"三反"运动、忠诚老实运动等,此起彼伏。为了配合这些运动,高校师生们被要求频繁地开会、听报告、政治学习、撰写自传和交代问题,占用大量时间,也影响了他们的身心健康。

上述的系列运动,於崇文无一漏掉。通过频繁的学习和开展自我批评,於崇文的思想有了初步转变。他说,在"三反"的阶段中,一系列为个人打算的思想在他脑子里展开了激烈的斗争。通过这些斗争,他认识到资产阶级思想的本质是自私,而无产阶级的思想是大公无私,前者是一切为个人,后者是一切为群众,这是两个互相对立的思想体系。这一认识使於崇文在思想上初步划清了资产阶级思想和无产阶级思想的界线。另外,於崇文一直持有的"超阶级""不问政治""纯技术"等观念也被改变。

> 同学们对于"纯技术"观点的控诉,使我认识到"纯技术"观点是反动派借以剥削和压迫人民、巩固其反革命统治的一种很毒辣的手段。在"三反"思想改造运动里开始认识到过去埋头读书,不问政治的"纯技术"观点在实质上是个人主义思想,在旧社会里受反动统治阶级长期蒙蔽,不自觉地被反动统治阶级所利用,认识到所谓业务的好坏并不是指一个人学得好不好,而是要看他是为谁而学习,为人民贡献了多少?也就是说牵涉到一个立场问题。[②]

思想改造中,於崇文的另一个收获是初步认识到党的正确和党的力

[①] 崔晓麟:《重塑与思考:1951年前后高校知识分子思想改造运动研究》。北京:中共党史出版社,2005年,第71页。

[②] 於崇文人事档案:我的自传,1953年6月8日。存于中国地质大学(武汉)档案馆。

第五章 历经波折

量，也认识到党的领导的重要性，离开了党的领导就会犯错误，就将一事无成。基于这些初步认识，他感觉到有责任贡献出自己的力量，为党的事业而奋斗。1952年8月，於崇文提交了入党申请书，其中写道：

> 由于没有经常自觉地以无产阶级战士的一分子来要求自己，没有把对于党的认识巩固下来，化为行动的力量，因此到了北京地质学院没有积极向党靠拢，反而感觉劲儿不够。今后我决心要紧紧依靠党，争取党对自己的教育和培养，努力提高自己的阶级觉悟，改正缺点，为达到无产阶级先锋队的标准而努力。

於崇文对于入团、入党表现得相对被动，与其说是对政治缺乏兴趣没有主动借势有所作为，还不如说他是坚持了自己不问政治的"纯技术"观点。即使这样，也一度受到了批评。

"这样批评是不是恰当？"

1956年1月，中共中央召开了关于知识分子问题的会议，周恩来总理在《关于知识分子问题的报告》中发出了"向科学进军"的号召，指出要在全国科学发展计划的指导下，大力发展科学研究的工作，号召青年教师搞好教学的同时也要从事科学研究工作。

於崇文响应号召，一心钻研业务，却被扣上了"个人主义""不问政治""崇美思想"的帽子。同於崇文一样，当时很多知识分子都有"把钻研业务当作个人主义问题来对待"的情况。对此，当时北京地质学院做教师团工作的陶世龙在向团中央汇报工作时，提到了这些情况。团中央核实后，请陶世龙详细说明。陶世龙将详细情况写成文章《这样批评是不是恰当？》，发表在《中国青年》上，以纠正这一现象。

我们青年团内有些同志，对青年教师钻研业务的积极性和创造性的鼓励支持仍然是很不够的。他们虽然也知道青年教师钻研业务的热情是好的，但青年用较多的时间去钻研业务，他们总看不惯，不是怀疑别人钻业务是个人主义的动机，是从个人名利观点出发，就是生怕别人业务搞多了会影响做社会工作，少参加政治活动；谁坐下来多读点书、少做些社会工作，就很容易被批评为"个人主义""不问政治"。

举一个最突出的例子，我院矿物结晶教研室讲师於崇文（团员），在钻研业务方面是有显著成绩的。他于1951年从北京大学地质系毕业后不久，就来我院担任讲课工作，先后开出结晶学、矿物学、地球化学三门课程，其中地球化学在我院甚至是在国内还是第一次开设。这些课程的许多新知识他都未曾学过，必须边教边学，此外还要指导十个学生的毕业设计。在教学中，他不但积极应用苏联教材，而且能大量阅读苏联的有关书籍杂志，吸取最新科学成果，丰富讲课内容。这样他教学内容就比较新颖充实，具有较高的质量，即使地球化学是一门新课，他的教课也保持了一定的水平。

我们有些同志却没有充分估计到这一点，鼓励他继续前进，得到更大的提高，相反地，却把於崇文看成是"极端落后"的人，是"死啃书本，不问政治"的人。几年来，他曾作为错误思想的典型，一再受到批判。有些同志认为虽然於崇文钻研业务的劲头是大的，是有成绩的，但他学习科学的动机是从个人主义的利益出发，而不是从革命的利益出发，所以不但不值得表扬，而且受到批评指责。……我们曾经找於崇文谈过话，了解到他之所以这样钻研科学，主要推动力也不是什么往上爬，他还是为了要搞好教学。他在大学毕业时，苏联专家曾经对他们讲过："要提高教学质量，教师必须自己从事科学研究。"这句话给他的印象很深，他常常想起这句话，所以对科学研究就抓得特别紧。这就说明：我们有些同志在做工作的时候，不是深入了解情况，而是在一旁胡乱猜疑，死扣动机。

於崇文对社会工作是放松了一些，但也并不是就完全脱离了政治活动的。他一贯拥护党，积极学习苏联先进科学技术，政治学习和社会活动也是经常参加的，这些学习和活动每周约八小时。此外，还兼任了系学术委员会秘书。於崇文主动接触周围群众不够，这也是事实。他指导十个学生做毕业设计时，这些学生常常利用他休息时间和他谈话，他总是耐心帮助的，而有些教师向他讨教俄文或有关专业问题时，他也是肯给人讲解的。

像於崇文这样的情况，是不是应该批判他钻研业务是为了个人呢？我们要求青年科学工作者关心政治究竟指的是什么？怎样才能让他们把政治与业务很好地结合起来呢？这些问题在过去和最近的《中国青年》上虽然也谈到了一些，但我们思想上仍然没有得到一个正确的答案。恳请你们结合这些情况，更深一步地解决这些问题。①

这篇文章纠正了批评於崇文"不问政治的纯技术观点"的错误做法，解决了於崇文等一批人因钻研业务而被视为个人主义的思想包袱。在矿物结晶教研室，团委还选举於崇文为当时即将召开的地质学院团员代表大会的代表，表示对他的肯定。

1957年的八届三中全会上，毛泽东提出了"又红又专"的口号。之后，如何处理"红专"关系，成为广大知识分子特别是青年学生辩论的一个主题。於崇文在这场"红专"辩论中因"走白专道路"和"知识资本论"而再次受到批判。

当时有很多道路，有"白专"道路，有"红专"道路，还有"又白又专"道路。给我扣的帽子是"知识资本论"，说我把知识当资本。"红专"辩论之后的1958年，又"拔白旗"了。我当时是很冷静的，也没有特别害怕，因为那个时候什么事情都会有。我为什么不惊慌呢？因为受到了西南联大和北京大学的精神感染，特别是北京大学的"思想自由、兼容并包"，所以来回批判就批判吧，我没有犯法，也不惊慌，我就做我自己的事情，并没有受到太大影响。②

---

① 陶世龙：这样批评是不是恰当?《中国青年》，1956年第5期。
② 於崇文访谈，2013年12月6日，北京。资源存于采集工程数据库。

1957年反右派斗争结束后，接下来的1958年成为大学校园里极其躁动的一年。这一年是我国国民经济建设第二个五年计划的头一年，一种建设步伐上的盲目乐观和急躁的"左倾"情绪开始发酵和膨胀，全国即刻进入一派激情的"大跃进"运动之中，开始大办工厂、大办农场、大炼钢铁、大搞科研等。

　　1958年8月17日，中共中央在北戴河召开政治局扩大会议，通过《全党全民为生产1070万吨钢而奋斗》的决议，从此掀起轰轰烈烈的全民大炼钢铁运动。为响应大炼钢铁运动，北京地质学院发出了"全体师生员工决心为1070万吨钢而战"的号召。同年6月，学院组织了几十支找矿大队，发动4000多名师生员工，以找铁矿为主开赴全国25个省（区、市），进行普查找矿和1:20万及1:5万区域地质测量。9月20日，北京市高等学校、中等专业学校在北京大学召开了支援钢铁生产誓师大会，北京地质学院为支援钢铁生产增派的1500余名师生参加了大会。

　　於崇文被派到青海东部湟源县参加找矿。找矿大队编制分为大队、中队、小队，当时於崇文是一名中队长，带领着几个小分队，但由于当时的整个政治气氛，加上於崇文不是党员，整个中队都是由小队长领导的。也就是说，於崇文这个中队长还需听从小队长的安排，他还因此被戏称为"老百姓中队长"，有名无权。

　　这些外在的东西，於崇文并不在乎，但在找矿方面，於崇文却始终坚持实事求是的态度。比如，有些地方由

图5-1　1958年12月，於崇文在青海东部湟源县进行铁矿考察

第五章　历经波折　*85*

于氧化作用，表面形成一些氧化的产物，看似矿石，但深度未必有矿。由于找矿人员的基础知识较弱，并不能判定矿藏情况，就将其划为矿藏点。於崇文表示不同意，坚持认为那里没有矿藏。

有一次，县里通知於崇文马上去一个物探队。当时已接近傍晚，加上路况不好，他没能在天黑之前赶到。夜幕降临，晚上在外露宿非常危险。所幸的是，於崇文最终看到了一户人家，决定去拍门。开门的是一位妇女，於崇文说明了情况，妇人犹豫了一下，最终还是让於崇文进来了。后来，这家的老太太还为於崇文烧热了炕，做了饭菜，这让於崇文感觉到了温暖。

"大跃进"运动伤害了许多尊重科学、实事求是的老师和学生，过多的社会实践和劳动锻炼也削弱了理论教学。而於崇文实事求是的态度，让人们看到了那场运动中值得尊重的东西。

1963年起，一场新的社会主义教育运动——"四清"运动在全国农村和城市先后展开。各地都组织了社教运动工作队，也称"四清"工作队。"四清"工作队成员都经过严格的挑选和审查，工作队的任务主要是给基层干部当参谋、出主意，进行指导和帮助，启发基层干部善于分析问题，确定方针和办法。1964年的春天，地质部直属单位开始了"四清"运动。

1965年10月13日—1966年3月20日，於崇文参加了地质部西北"四清"工作团，分至地质部第三物探大队331工作队。在工作中，於崇文没有大学教师架子，与工人们同吃、同住、同劳动。"四清"工作结束后，於崇文在回京途中还到达陕西高陵，参加了地质部第二物探大队所在地通远坊召开的八省化探人员座谈会，会上讨论了由吴承烈起草的《金属量测量、水系金属量测量技术参考手册》。

在结束地质部"四清"工作团的工作后，负责人张治才对於崇文在"四清"运动中的表现给予了肯定。

在"四清"运动中能站稳无产阶级立场，阶级观点明确，对人对事能首先突出政治思想工作。对待工作主动，敢于负责，一抓到底。

图 5-2　1966 年 3 月 15 日，331 工作队在陕西永乐店合影（二排右 7 为於崇文）

图 5-3　1966 年 3 月 23 日，於崇文（前排左 4）在陕西高陵参加八省化探座谈会

工作态度严谨、细致、一丝不苟、有条不紊。肯动脑筋，考虑问题周到，经常能提出建设性的意见。平常关心同志，能够耐心帮助年轻同志解决一些思想问题和实际问题。比较重视学习、领会和贯彻党的方针政策，能用毛泽东思想来解决一些问题和总结自己的收获，在工作

第五章　历经波折　　87

中注意抓活思想。在运动中注意思想改造，没有大学教师架子。希望今后加强自我批评，把"四清"工作中的革命精神带到工作的岗位上去。①

"五七"干校与地质训练班

"五七"干校是"文化大革命"期间的特殊产物。1966年5月7日，毛泽东在给时任军委副主席林彪的一封信中提出，各行各业都应一业为主，兼学别样，从事农副业生产，批判资产阶级。1968年5月7日，黑龙江省革委会在纪念毛泽东"五七指示"两周年时，组织大批机关干部下放劳动，在庆安县的柳河办了一所农场，定名为"五七"干校。很快，"五七"干校被推广到全国。据统计，当年中央一级机关开办的"五七"干校有106所，各省开办的有1497所。②

"文化大革命"期间，全国高等教育遭受重创，北京地质学院也没有幸免。1966—1970年，北京地质学院停止招生，教学工作遭到破坏严重。1968年8月25日，工人、解放军宣传队进驻北京地质学院，接管了学校的全部工作，进行大批判、大联合，成立革命委员会，清理阶级队伍。教师们接受一轮又一轮的批判，造成了许多冤假错案，身心受到严重摧残。

1969年9月，地质部在江西峡江县水边镇设立"五七"干校，同时指示北京地质学院驻校军宣队在附近创办干校，以参加劳动、接受工农再教育为名，将大部分教职工下放到京外，进而为学院迁离北京减小阻力，创造条件。军宣队接到指示后，派出先遣人员前往江西，与峡江县有关领导协商并赴现场查勘后，确定在峡江县仁和公社的龙坡村和垇下村建立干

---

① 地质部西北四清工作团工作队员调查表，1966年3月23日。存于中国地质大学（武汉）档案馆。

② 李城外：《向阳湖文化研究》。武汉：武汉出版社，2010年，第567页。

校,与地质部干校隔赣江相望。

其后,军宣队以落实教育革命措施为由,开始动员教职工下放干校劳动,并声称从此知识分子扎根农村,限定几天之内收拾停当。於崇文一家当时没有什么家当,最多的就是书,而且大部分是外版专业书籍。想到今后扎根农村体力劳动,书籍已成无用之物,於崇文下狠心将这些外文专业书籍装了十几个麻袋当废纸卖掉,轻装上阵,奔赴农村。

> 走的前一天晚上弄到半夜,有些零零碎碎的东西能处理就处理掉,稍微大一些的家具就存在学校。书籍全部卖掉,我算了一下,有十六七个麻袋,包括西文影印版的,还有大量的是俄文原版的书籍,统统拉出去,几毛钱一斤。当时我私下说是"扫地出门",很可惜现在再也找不回来了。[①]

1969年11月,地质学院确定下放"五七"干校的教职工及家属分批离京。正是入冬时期,於崇文和夫人蒋耀淞带着11岁的女儿於群,同地质学院的教师们一路颠簸赶至江西农村。他们先乘坐火车抵达南昌,再登船沿赣江逆水而上到达峡江县仁和码头,最后乘汽车来到龙陂村。11月中旬,地质学院大部分教职工抵达"五七"干校。11月18日,北京地质学院"五七"干校正式成立,王焕担任干校校长,军宣队指挥长高运安、物探系侯力平担任副校长。

於崇文到了干校以后发现,教职工们住的房子都没有造好,需要自己动手造房子。于是,打土坯、烧窑造砖、抗木料、砌墙盖房,成为於崇文在干校参与的第一个劳动工种。

> 第一天到的时候,什么都没有,又赶上下雨。一到就通知要造房子、买木料,大家都去扛木头。从最开始我们就每天劳动,白天被雨淋湿,晚上就烤火,把棉袄烤干。因为没带换洗的衣服,雨披都

[①] 於崇文访谈,2013年5月24日,北京。资料存于采集工程数据库。

第五章 历经波折

没有。

去的人分为两部分，一部分住在老乡家里的，有房子住的；另一部分是集体生活，自己造房子。房间很大，里面住一百多人，整个是通铺。然后办食堂，分工分系，工种也不一样，主要是通过劳动来改造思想。①

除了造房子，於崇文还参与了砍柴、挑粪、种菜、插秧、催芽等劳动，安排他什么就干什么。面对简单的体力劳动，他也不忘认真地学习思考各种技巧和技术。泥瓦工砌墙盖房时，他向工人师傅学习了"横平竖直"的要领；完成稻谷的催芽工作时，他又向农民学习"干根湿芽"的要领，经过科学试验和不断改进，最终将发芽周期从35小时缩短至24小时，并被选入插秧队。

我去了以后的第一个工作是造房子，这里面有好几个工种，我做泥水匠。把土坯晾干以后烧成砖，我的主要工作是把砖拿来砌墙造房子。后来发现土窑不够用了，需要砌窑。于是就从江西其他县请来了几位比较有经验的泥浆工，他们来了也不教我们怎么砌，就让上工。砌窑需要两个人同时砌，到高点两个人再碰头。当时是林名章和我一起砌的。我们两个对面看着，到了高点碰上了，还是很成功的。

第二个工作就是催芽。插秧之前先要育秧，发芽之后才能拿去插秧。发芽的经验就是"干根湿芽"，水少了就生根，水多了就发芽。后来我做了很多图，把温度和湿度调好，最短可以23个小时把芽发出来。后来我去参加教改，就把资料留给了当地的人。②

於崇文有野外生活的经历，以前做助教和讲师的时候，时常带领学生们参加野外地质实习，风餐露宿，因此对劳动过重、营养不足、机械单调

---

① 於崇文访谈，2013年5月24日，北京。资料存于采集工程数据库。
② 同①。

的农村生活很快就能适应。由于於崇文踏实能干,还多次被邀请在"讲用会"上介绍自己的劳动经验与学习心得。

1971年5月初,因工作需要,於崇文被抽调至福建教改小分队,任教地质训练班。地质训练班由湖北地质学院和福建省冶金工业局共同举办,湖北地质学院从江西仁和"五七"干校中抽出四五名教师,包括矿床教研室、岩石教研室、地球化学教研室,由池际尚教授带队,主要针对福建省各地质队选送的74名学员进行为期半年的综合找矿培训。学员的整体文化素质不高,只有初中甚至小学文化程度,而且基本没有地质学基础。面对这样的学员,於崇文想方设法,编写适合他们的教材讲义,力求课程通俗易懂。为此,他不辞劳苦跑遍了闽南主要的几座矿山,搜集实际资料,了解地质矿床情况,编写成与闽南矿床实际相结合的矿床学教材讲义。

> 在福建讲了四五个月的课。我负责的是矿床学,要自己编写讲义,再用钢板印出来。考虑到很多学员文化程度不高,要讲得通俗易懂。另外,闽南的几个山我都跑了一遍,提前了解一下矿床的情况,好编写讲义。这期间都是和工人们住在一起的,住在一个像礼堂一样的房子里的第二层楼。[①]

於崇文没有大学教授的架子,他和工人们同吃、同住、同劳动,逐渐建立起友谊。有一次,於崇文过生日,工人们还专门为他炖了一只鸡。

> 我和工人们的关系都挺好的,知识分子给他们教东西,他们当时也比较高兴。跟他们在一起,语言不通,福建话我们根本听不懂。有一次我过生日,听到他们在吵嚷什么,我也不清楚。后来他们去买了鸡,用福建的那个小炉子炖一天,里面还加了些中药,一只整鸡相当大,他们全给我一个人吃。
> 另外,他们也发现体力劳动和脑力劳动是两种不同的劳动。我们

---

① 於崇文访谈,2013年5月24日,北京。资料存于采集工程数据库。

自己天天思考问题，并没有感觉到辛苦，但对工人来讲，脑力劳动是一个受罪的事情，非常辛苦。有一次我发现一个工人在写信，他上午在写，下午还在写，一直没有写完。他头上包了一块毛巾，说写了一天没写成，着急得头疼。①

1971年11月中旬，地质训练班首届工人学员结业。福建省冶金工业局对培训工作非常满意，希望来年能够继续开展培训，并表示希望将学时延长至一年，使受训学员结业时能够达到中等专业技术水平。训练班结束后，於崇文回到了江西干校。

图5-4　1971年11月，地质训练班首届工人学员毕业留念（四排左1为池际尚，右6为於崇文）

1972年5月，北京地质学院"五七"干校由江西仁和县迁至湖北沙洋县，於崇文携家人转移至湖北，进入湖北地质学院。

返回干校不久，1972年10月，冶金部在广西桂林举办地球化学探矿学习班。培训班由欧阳宗圻主持工作，聘请於崇文、张本仁、阮天健、林名章等教师，主要讲授地球化学的理论与方法。与福建训练班不同，广西

---

① 於崇文访谈，2013年12月6日，北京。资料存于采集工程数据库。

学习班的学员大多是有工作经验的技术人员，授课内容更专业一些。由于在干校期间的脑力劳动少了，於崇文在编写教材时，明显感到重拾专业知识有点力不从心，不过他很快就又找回了以前的感觉。这期间，他与张本仁合作编写了讲义《地球化学》用作培训班的教材。

这次培训班不仅让於崇文找回了教学的感觉，也让他在虚度了几年光阴后，感觉自己又有了用武之地。此时的於崇文经过一个阶段对国外学术动态的调查研究，敏锐地觉察到气象学对多元统计分析应用的关注和应用数学中多元分析研究的兴起。当时计算机技术刚刚兴起，国外已开始将应用数学中的多元统计分析研究用于地质研究的实践。考虑到地球物质由多种元素组成，於崇文预见到地球科学中应用多元统计分析进行研究势在必行，同时用计算机进行信息处理的地质科学定量化时代必将到来。他觉察到了"数学地质"光明的前景，因此决定选择地质数学作为自己下一步研究探索的方向。

图 5-5　1972 年 10 月，冶金部地球化学探矿学习班留影（前排左 9 为於崇文）

"文化大革命"尚未结束，国内的地质科研和教学基本处于停滞状态，但让於崇文深感幸运的是，自己从干校被抽调至福建教改小分队，在闽南地区为地质队的工人举办矿床学知识短训班，结束后又为冶金部化探工程师举办的地球化学高级短训班授课。这两次培训班，让於崇文在这场政治运动结束之前，提前回到了正常的工作轨道上。

"文化大革命"期间，於崇文所在的北京地质学院几经搬迁，先是1970年从北京整体迁至湖北江陵，更名为湖北地质学院。1975年又整体迁至武汉，更名为武汉地质学院。於崇文从干校回到工作岗位时，已是武汉地质学院时期。

"文化大革命"结束以后，我国高等教育事业逐步走上正轨，於崇文的工作环境和条件日渐向好。1978年，武汉地质学院为解决学校部分知名学者因为工作需要仍然留在北京的问题，经批准在北京恢复办学，在原北京旧校址设立武汉地质学院北京研究生部。1987年，国家教委批准武汉地质学院更名为中国地质大学，武汉、北京两地办学，总部设在武汉。

1976年5月，组织上对於崇文在西南联大期间在清华服务社锯木厂打工的情况及是否参加"青年远征军"等问题作了结论：其历史审查清楚，予以结论。这份结论预示着他混乱无序的生活告一段落，新的征程即将开始。

第六章
八年磨一剑

1973年,"文化大革命"尚未结束,北京地质学院的教学秩序还未恢复。回到学校的於崇文没有了教学任务,开始将精力转向科学研究。他向冶金部申请了"陕西略阳煎茶岭超基性岩体铜镍矿成矿成晕规律"研究项目,开始尝试将多变量统计学融入地质科学,探究数学地质的理论与方法。

在长达八年的时间里,於崇文几乎将所有的精力都投入用多元统计分析研究多组分、多因素地质-地球化学系统的数值和几何学特征,用随机过程和随机场研究地质-成矿过程与地质-地球化学场的地质数学研究,培养出一批用数学地质方法处理化探数据的技术骨干,为我国地质科学从定性到定量、从确定性到概率性、从一元分析到多元分析、从观测描述到计算机模拟实验,起到了重要的推动作用。1980年出版专著《数学地质的方法与应用:地质与化探工作中的多元分析》,系统全面地引进数学地质的理论和方法,促进了地质科学的定量化。

总结这一阶段的工作,於崇文反复强调"这是一次比较完整的研究"。因为其包含从课题研究、人才培养到出版学术专著,上下贯通,一气呵成。

将多元分析融入地质科学

1973年，於崇文结束干校生活，返回北京地质学院。一次偶然的机会，他发现中国科学院的气象研究人员在气象学中运用多元统计分析研究气候变化。於崇文想，若是把多元统计分析用到地质学上，可以减少地学因素分析时的不确定性，使地质科学研究逐渐向定量化方向发展。这在地质学研究中或许是一大创新。

> 我发现中国科学院在气象研究方面用了多样分析（多元统计分析）。由于气象变化很快，影响因素非常多，把数学里面的多样分析引进来，结合变化的规律进行气象预测。受此启发，我觉得这对地学也很有用。因为地学的因素很多，分析因素之间的关系和规律性会有很多不确定性，如果把概率论和数学统计结合起来，对于地质学统计会有很大帮助。所以我回来首先着手的是这个事情。[①]

於崇文敏锐地抓住了这一研究方向，迅速组织起地球化学教研室和数学教研室的教师，同时向冶金部申请了"陕西略阳煎茶岭超基性岩体铜镍矿成矿成晕规律"的研究项目，获得了人员和资金的支持。

於崇文带领他的团队下到陕西矿区。矿区位于略（阳）-勉（县）-阳（平关）三角地带石瓮子复式背斜的北缘。矿区及其外围广泛分布着下古生界中基性绿色变质火山岩层（走向近东西），其上零星地覆盖着泥盆-石炭系碳酸盐岩、炭质板岩和千枚岩等。千枚岩在一定程度上继承了基底近东西向复式背斜构造的特征，形成了较开阔的北东向褶皱，断裂构造则沿褶皱轴部及其两翼分布。

经过一段时间的研究，在把握地质科学发展的趋势上，於崇文发现20

[①] 於崇文访谈，2013年5月24日，北京。资料存于采集工程数据库。

世纪以来，地质科学同基础自然科学以及先进技术相结合，在它们的结合点上产生和发展了新的边缘科学，成为地质科学发展的一个明显趋势。并将其总结为：地质学和物理学相结合，产生了地球物理学和地球物理探矿法；地质学和化学相结合，产生了地球化学和地球化学探矿法；地质学和力学相结合，产生了地质力学和地质力学探矿法；地质学和数学相结合，产生了地质数学，并且正在逐步形成地质数学探矿法。他认为，这些新的边缘科学的产生和发展引起了地质科学的质的飞跃，使古老的地质学展示出崭新的面貌，表现出强大的生命力。

当时多数地质数学的研究成果大都以已有的少数几类经验函数为基础，所构成的数学模型有相当大的局限性。加上模拟实验大多在实验室完成，由于实验室的条件限制，模拟实验的结果往往同真实的地质过程有一定的差距。地质数学亟待一种新的数学模型和统计方法。

为了实现国民经济对于地质科学研究成果定量化的要求，提高成矿预测、远景区评价和矿床储量估计的可靠性和准确度，仅仅根据单变量的观测数据已经远远满足不了要求，必须同时对多个变量进行观测，汇集丰富的原始信息，较全面地反映所研究地质现象的各个有关层面。电子计算机的发明为实现这一目标创造了有利的条件，促使地质数据的一元统计分析向多元统计分析的方向发展。多元统计分析可以利用人为设计的某种合乎需要的概率论模型，利用观测数据，在计算机上进行计算。由于计算机的计算速度很高，因此可以在较短的时间内进行多次模拟计算，这种模拟计算可以同时克服经验函数和实验室条件的局限性。

多元分析是单变量统计方法的发展和推广，是研究多个自变量与因变量相互关系的一组统计理论和方法，又称为多变量分析。20世纪前半叶，多元分析理论大多已经确立。60年代以后，随着计算机科学的发展，多元分析方法在心理学以及其他许多学科的研究中得到了越来越广泛的应用。此后，在电子计算机应用的促进下，在多元分析本身的发展及其在其他科学领域内应用的推动下，地质和化探工作中也开始逐步引进多元分析方法。

在经过一段时间的思考，於崇文感到，将多元分析融入地质科学中，将是地质科学的定量化研究工作中的一大突破。于是，他根据实际应用的现状大胆预测："多元分析方法的应用已经远远超出数据处理的范畴，而正在发展成为地质和化探工作的一种富有生命力的新的研究手段，促使地质科学从定性向定量发展，引起理论上和方法上的重大变革。"[①]

引进数学地质理论与方法

数学是研究现实世界的数量关系和空间形式的一门科学。因此，数学一旦和地质科学相结合，就可以将各种地质特征和参数数字化，用数学关系式对地质现象作精确的表达，从而使地质科学由定性的描述发展为定量的科学。

於崇文认为，地质科学定量研究的第一步是利用观测数据对地质现象进行表征和描述；第二步是对实际地质现象进行数学抽象，构成某种数学模型，选择适当的经验函数对观测数据进行拟合；第三步是进行模拟实验，找出地质现象和地质过程的更接近实际的条件、特征和规律。

按照这个步骤，於崇文和他的团队，先是到野外进行勘测，采集样品，然后到实验室进行化验分析。当时，地球化学教研室只有一台旧的读谱仪，还是20世纪50年代苏联专家来华时留下来的。为了得到更准确的数据，於崇文在读谱前下了很大功夫，他对每个条件和每道程序都进行了严格的科学规定，每次的测试结果都要做认真检查。就这样，他带领团队仅用一台破旧的仪器，得到了比较准确的数据。

化验数据出来以后，要对数据进行分析，这就得用到电子计算机。由于当时国内的科研条件比较落后，北京仅有中国科学院电子所和力学所、北京工业大学等几家单位配有计算机，但预约的人很多，经常要等很长时间。后来，於崇文得知天津、河北也有几家单位配有计算机，且使用频率

[①] 於崇文:《数学地质的方法与应用：地质与化探工作中的多元分析》。北京：冶金工业出版社，1980年，第4页。

不高。於崇文在北京预约不到的时候，也曾去过这两个地方使用计算机。

70年代，电子计算机还是个比较笨重的设备，操作起来也不像现在这么便利，需要自己在上面进行编程。蒋耀淞带领数学教研室的老师负责编程，使用黑纸袋穿孔的原始编程方法。每次数据分析都要花很长的时间，有时候，数据还没有分析完，计算机却死机了。就这样，於崇文带领团队反复进行实验与分析，采样、摄像、洗像、读谱、编程、分析等一系列的程序和步骤，他事必躬亲，对每一个数据都严格把关。

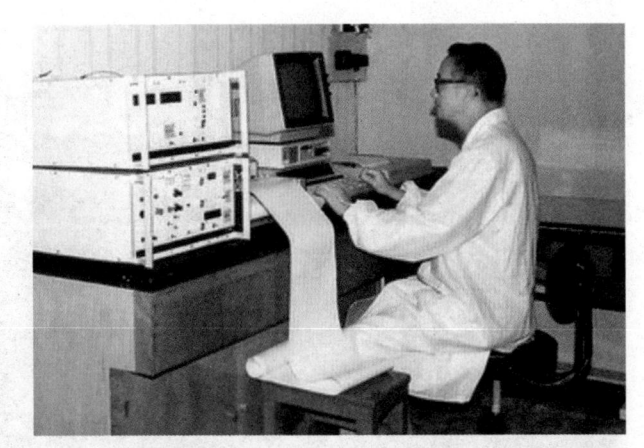

图6-1　於崇文使用计算机分析数据

1975年8月，为推广电子计算机技术在化探工作中的应用，提高化探找矿效果，冶金部地质司在保定举办的第二期电算学习班开学，参加学习的学员有40多人。於崇文及其团队共8人被邀请为学习班授课，并编写了讲义《多元统计分析》作为教材。培训班为期五个月，培养出了一批用数学地质方法处理化探数据的技术骨干，将研究成果转化为生产力。

培训班结束后，於崇文等人马不停蹄，将研究成果和经验在理论上加以拓宽和深化。为了搜集国外最新文献资料，於崇文频繁骑车往返北海北京图书馆、甘家口地质图书馆、中关村中国科学院图书馆和数学所图书馆、和平里中国科学院科技情报研究所，风雨无阻。

我当时骑着自行车来回跑，加起来有六七百公里。冬天，北京下雪后有"冰穿甲"，就是地面上有很薄的透明的冰，看不大出来，但是非常滑。有一次，我从学校骑到北京图书馆，到一个岔路口，为了躲避一个人就摔倒下去了。这种情况经常有。

编书的时候要把西方比较先进的书籍和杂志里面的文章搜集起

锲而不舍　攀登不息　於崇文传

图6-2　1975年12月30日，冶金部第二期电算学习班结业合影（前排左5为於崇文）

来，这项工作的系统性非常强。那个时候没有复印机，但可以照相，我就先把重要的资料进行拍照，然后拿回去手抄。一共抄了好几本，比如《因子分析》这些相关的书，都是整本抄下来的。①

收集完资料后，於崇文着手写作。先定好整本书的框架，再一章一章地编写。每写完一章，就由冶金部拿去找人抄写，但由于书里涉及的数学符号很多，并且每个人的手写字体不一样，经常容易弄错。於崇文只好让抄写的人把公式空出来，等到最后再由他自己补上。

后来发现一个问题，他们写的字体不一样，容易弄错，有些他们没有学过。另外还有工程字，比如图里的字母都是用工程字写的，我是受过专门训练的，所以我写出来的是跟印出来的字是统一的，但是没学过的就不会写。所以后来我说，你们把公式都空出来，公式我来写。一本书有很多公式，但是这样做可以避免差错。②

---

① 於崇文访谈，2023年12月24日，北京。资料存于采集工程数据库。
② 同①。

100

於崇文等人前后花费4年时间，夜以继日，其间，历经唐山大地震，即使在余震间隙也不停歇，终于完成了专著的撰写工作，由于"文化大革命"还未结束，著作写好以后并没有立即出版。1980年，这本942页、145万字的著作《数学地质的方法与应用：地质与化探工作中的多元分析》由冶金工业出版社出版，该书全面、系统地介绍了地质数学，内容包括数学预备知识，多元分析方法，计算机程序和地质与化探工作中的应用四部分，将多元分析的理论、方法、计算和应用四方面紧密结合。这本书将地质数学引入中国，对我国地质

图6-3 《数学地质的方法与应用：地质与化探工作中的多元分析》封面

科学从定性到定量、从确定性到概率性、从一元分析到多元分析、从观测描述到计算机模拟实验的发展起到了重要推动作用。

著作问世后，立即受到数学地质界和地球化学界等方面的关注，陆续被许多重要的数学地质论著和教材广泛引用。1985年，该书在德国法兰克福举办的国际图书博览会上展出，后被翻译成外文出版。

从1972年回到北京，於崇文开始接触多元统计分析，发现这一研究领域后，一直到1980年科研专著的最终出版，前后一共8年时间。8年里，於崇文先是从冶金部委托的"陕西略阳煎茶岭超基性岩体铜镍矿成矿成晕规律"研究项目开始，认真做好研究工作并成功结题。在项目研究过程中，於崇文为培训班授课，推广理论和经验，培养更多的专业人才。之后，他又将理论和经验进行系统的整理，撰写成专著并出版，以供更多的地质工作者学习和参考。

我们全部到野外采矿、采样、分析、地质观测。所以不光是书本上的东西，而是真正的理论跟实践的结合。出数据、编程序、做计算，这是一个非常连续的过程，包括中间办的短训班，以及最后编写专著，这一个领域我认为是做得比较完整的，真正的学科跟学科的结合。[1]

从课题研究到人才培养再到专著出版，上下贯通，一气呵成，这也是於崇文做项目研究的特点。在这之后的几乎每一次重大科研项目，於崇文都深入研究，认真撰写研究报告，并将研究报告出版。这也体现了他做事认真、锲而不舍、不断探索创新的科研精神。

推动地球化学与国际接轨

1978 年 3 月，全国科学大会召开，邓小平明确提出"科学技术是生产力""知识分子是工人阶级自己的一部分"，号召要"尊重知识，尊重人才"。会议决定恢复研究生制度、职称制度等，落实知识分子政策，中国迎来了"科学的春天"。

全国科学大会召开后，科教人员职称晋升问题得到逐步解决。1978 年 7 月，於崇文被提为副教授，距他 1953 年晋升为讲师已经过去了 25 年。1980 年，於崇文又被提为教授。

改革开放以后，中国科技界冷静地看到了国内外科技发展的差距，迫不及待地想要了解国际最新科技成果，追赶世界科技发展的脚步。这一时期，我国的对外科技交流迅速扩大，每年都有成千上万人出国考察与学术交流。

---

[1] 於崇文访谈，2013 年 5 月 24 日，北京。资料存于采集工程数据库。

图6-4 武汉地质学院学术委员会主任池际尚对於崇文晋升教授的学术评价（1980年4月19日）

於崇文从教 30 年，虽然时刻关注国外研究动向，但从未踏出过国门。改革开放后，於崇文也想要走出去看看国外地球化学学科的发展水平与动向，与国际学者交流学术研究心得。

1980 年 4 月 10—15 日，中国第一次派出勘查地球化学代表团赴德国汉诺威参加第八届国际地球化学勘查学术讨论会，代表团一行 5 人，谢学锦为领队，於崇文、孙焕振、李善芳、郑淑慧同行。谢学锦、於崇文、郑淑慧分别在会上作了报告，谢学锦宣读主旨报告《地球化学勘查在中国》，於崇文宣读学术报告《江西德兴斑岩铜矿床成矿成晕机理及其地球化学勘查的初步研究》。这是中国化探第一次走出国门，向世界展示研究成就，得到了国外同行的好评。①

於崇文提交的论文《江西德兴铜厂斑岩铜矿床的成矿成晕机理及其地

---

① 谢学锦，李善芳，吴传璧：《二十世纪中国化探（1950—2000）》。北京：地质出版社，2009 年，第 489 页。

球化学勘查的初步研究》，采用地球化学与概率统计相结合的研究途径，分析了江西德兴铜厂斑岩铜矿床围岩蚀变过程中所发生的地球化学变化和矿床内各种岩石、矿物的元素共生组合的特征，指出将化学元素划分为成矿元素、控矿元素和运矿元素是合理的，并且是富有成果的。论文得到了与会代表的肯定，认为资料丰富、周密完善，提供了许多令人感兴趣的知识。评审该论文的国际勘查地球化学家协会主席、美国宾夕法尼亚州立大学教授罗斯博士给予的评审意见认为："论文提供了丰富有价值的资料和有关岩石－地球化学勘查方面的新思想，并且反映了中国科学技术的先进状态。"[1]

会议期间，於崇文与各国代表广泛接触，努力了解国外化探学科的水平与动向，并与国外代表在业务上建立了初步联系。会后，於崇文等人还对德国三所大学的地球化学研究所和马克斯·普朗克研究院的化学所进行考察访问，参观各种实验室特别是稳定同位素实验室，了解研究所的组织机构、科研工作计划与成果，以及教育体制、课程设置与专业人才培养的

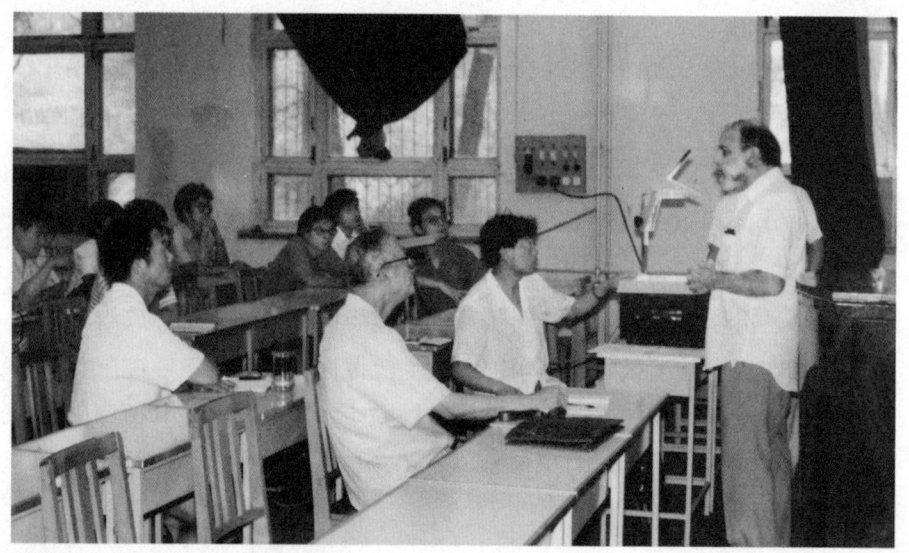

图6-5 1987年，美国地球化学家P. J. Ortoleva受於崇文（前排居中）邀请在中国地质大学作学术报告

---

[1] 对《江西德兴斑岩铜矿床成矿成晕机理及其地球化学勘查的初步研究》一文的评价，1981年3月30日。存于中国地质大学（武汉）档案馆。

情况。①

  这次国际学术交流，使於崇文和国内同行开阔了眼界，与国际同行建立了联系。此后，几乎每届国际勘查地球化学研讨会都有中国代表的身影，国外专家也频频来我国访问，我国勘查地球化学取得的进展和成就，引起了国内外各方面的注目。短短几年，我国化探与国际前沿逐步接轨，国内学者陆续加入国际化探协会，国内许多单位也与国外的机构建立

图 6-6　1988 年，於崇文和 P. J. Ortoleva 在加州大学圣巴巴拉分校合影

图 6-7　1999 年，於崇文在英格兰康沃尔郡的多金属矿场考察

图 6-8　1999 年，於崇文在美国加利福尼亚州考察地震断层

① 於崇文人事档案：临时出国人员鉴定表，1980 年 5 月。存于中国地质大学（武汉）档案馆。

第六章　八年磨一剑

图6-9 1999年，於崇文在英格兰高岭土矿床考察

了交流与合作关系。

  1980年5月，中国地质学会勘查地球化学专业委员会成立，并举办了第一届学术研讨会，谢学锦被选为首任主任委员，於崇文当选为专委会委员。会上，谢学锦和於崇文分别介绍了中国化探工作者参加在德国举行的第八届国际勘查地球化学学术讨论会的情况，增强了中国学者的信心。此后，该组织每两三年举办一次综合性学术讨论会，组织各种各样的专题性学术讨论会、交流会、培训班等，促进了国内化探学术交流和技术水平的快速提高。1984年10月4—10日，全国勘查地球化学找金学术会议在山东烟台召开，参会代表130人，发表论文63篇，会议交流了有关金矿找矿的地球化学方法、技术和理论。於崇文深知学术交流的重要性，他经常告诉学生们要多参加学术会议，后来的每届学术会议地球化学专业的学生都有一半以上参会。

  经过积极争取，第十六届国际地球化学勘查学术讨论会于1993年在北京召开，这是该会议第一次在亚洲召开，显著提高了国际对我国地球化学研究的关注度。

图6-10　1984年10月9日,全国勘查地球化学找金学术会议代表留影（二排右11为於崇文）

国际交流推动了中国教材的改革。由于此前与国际脱轨太久,国内很多教材内容老化。为优化教学大纲,交流教学经验,提高师资水平,1980年9月地质部成立了高等地质院校教材编审委员会,指导课程编审工作。於崇文担任了《地球化学》教材编审委员会主任。自成立以来,地球化学教材编审委员会制订了地球化学专业基础课和专业课的教学大纲以及1981—1985年教材编审规划,并结合教材工作培养和提高师资,有力地推动了地球化学教材建设和教学工作。

图6-11　1984年,全国高校地球化学专业教材编审委员会代表合影（前排右3为於崇文）

第六章　八年磨一剑

这一时期，在於崇文等人的领导下，各出版机构有计划、有组织地出版了一些地球化学与勘查地球化学专业所需的教材。比如，张本仁和赵伦山编著的《地球化学》、阮天健和朱有光编著的《地球化学找矿》、武汉地质学院编写的《地球化学样品分析》等。这些教材的内容与"文化大革命"前的教材相比有非常大的区别与进步：第一，在勘查地球化学的定义上，有了我国自己的、有别于发达国家的认识与定义；第二，在教材体系上，不同院校编写的教材各具特色，其内容除收入归纳国内外已发表的文献资料，还有大量各自的科研成果；第三，教材既有本科生必修课与选修课所用教材，也有研究生用的教材或少量的教学参考书。这一时期出版的教材多种多样，为本专业与其他地学专业的教学提供了大量必须的和可供选择的地球化学与勘查地球化学的教学用书，也为勘查地球化学人员知识更新与素质提高提供了充足的参考书籍。[1]

为了贯彻《中共中央关于教育体制改革的决定》精神，深入开展教学领域的改革，根据国家教委的有关文件精神，在原来高等院校各专业教材编审委员会的基础上成立了课程教学指导委员会。其中，全国高等地质院校课程教学指导委员会（简称"教指委"）于1986年正式批准成立。教指委的前身即地质部高等地质院校教材编审委员会，其性质由单纯的教材编审机构变为了在地质矿产部领导下的高等地质院校课程教学工作的研究、指导和咨询机构，其主要任务是指导教学改革，组织教材建设和研究教学质量评估。

教指委按照学科、专业或课程设立，成立了地球化学、普通地质学、地质学基础等22门课程教学指导委员会以及4个课程教学研究委员会。其成员是长期从事该课程的教学工作、教学经验丰富、学术水平较高、责任心强、热心教学改革的教师。委员人选根据上述条件在学校按学科或课程提名、同行专家推荐的基础上由部聘任。

1986年10月成立的全国地球化学专业课程教学指导委员会，是在原高校地球化学教材编审委员会的基础上改建的，旨在扩大原编委会的工作

---

[1] 谢学锦，李善芳，吴传璧：《二十世纪中国化探（1950-2000）》。北京：地质出版社，2009年，第380页。

图 6-12　1988 年，全国地球化学专业课程教学指导委员会代表合影（后排左 4 为於崇文）

范围，改进工作方法，以利于加强和改进对地球化学专业各门课程教学工作的宏观指导，增强教学工作适应"四化"建设需要的能力，更好地培养适应当代需要的新型地球化学人才。该委员会委员人选由各有关学校提名，同行专家推荐的基础上由上级主管聘任，任期 5 年。於崇文担任第一届委员会主任，刘英俊、戚长谋、魏菊英、阮天健担任副主任。该委员会一般每年活动一次，其主要任务是指导课程教学改革，组织教材建设和研究教学质量评估。具体职责是：拟定地球化学课程的教学指导性文件；组织开展课程教学研究活动；制订教材建设规划，研究制定课程的教学质量评估标准和办法，结合教学改革与教材建设，组织适当活动，提高师资素质。在於崇文的组织领导下，课程指导委员会富有成效地开展各项工作，不仅有力地推动了中国高等地质院校地球化学教材建设和教学改革工作，还为全国地球化学专业的教师提供了一个熟悉和交流的机会。[1]

---

[1] 陈国达:《中国地学大事典》。济南：山东科学技术出版社，1992 年，第 428 页。

图6-13　1990年11月2日，於崇文在第四届全国勘查地球化学学术讨论会上作学术报告

第七章
转战南岭

20世纪80年代初，於崇文运用非平衡、不可逆过程热力学研究成岩成矿过程，并以耗散结构理论为基础，提出了一种区域地球化学理论，进行南岭地区区域地球化学研究。这些研究成果，阐明金属成矿学、历史地球化学和区域地球化学之间的内在联系，开拓了新的学术领域，发展了"区域地球化学"分支学科。

领命总指挥

南岭是湖南、江西与广西、广东相连的群山区域的总称，是中国南部的最大山脉和重要自然地理界线，是长江水系与珠江水系的分水岭。南岭地区横跨扬子、华夏两个板块，位于中生代欧亚大陆板块构造岩浆活动带的华南陆块中部，区域成矿地质条件优越，是中国有色、稀有、稀土、放射性矿产资源的传统基地，也是世界上独具特色的有关成矿作用最为强烈的地区，被称为"成矿研究的宝库"。

1981年，受国家科委委托，地质部组织中国地质科学院矿床所、宜昌所、测试所和武汉地质学院、成都地质学院及广东、广西、湖南、湖北、福建等省地矿局所属单位联合开展国家重点科研项目"南岭地区有色、稀有金属矿床的控矿条件、成矿机理、分布规律及成矿预测研究"（简称"南岭项目"）。

作为"六五"国家重点科技攻关项目，南岭项目从区域成矿的基础地质问题入手，研究花岗岩类（特别是与中生代花岗岩类有关的矿床）和层控矿床（特别是泥盆系层控矿床）的控矿条件，探索矿床成因机理，总结成矿和分布规律，为成矿远景区划、成矿预测和地质找矿提供依据。南岭项目由5个二级专题和76个三级课题组成，其中二级专题分别为花岗岩专题（挂靠于宜昌地矿所）、区域地球化学专题（挂靠于武汉地质学院）、区域构造专题（挂靠于宜昌地矿所）、花岗岩矿床专题（挂靠于矿床地质研究所）、层控矿床专题（挂靠于成都地质学院）。课题、专题、项目分别要求在1984年、1985年、1986年上半年完成。

为了加强管理，地质部成立了项目领导小组和项目办公室，负责具体的组织领导、协调及实施工作。项目领导小组由各参加单位的负责人组成，张宏良任组长，陈毓川、裴荣富、吴保禄任副组长，项目办公地点设于宜昌地矿所科技处。宜昌所任组长单位，矿床所任副组长单位，地质矿产部总工程师程裕琪、张炳熹以及广东局总工程师莫柱荪任技术指导。

1981年9月10日，武汉地质学院推荐於崇文为南岭项目协调领导小组成员，并任命他为武

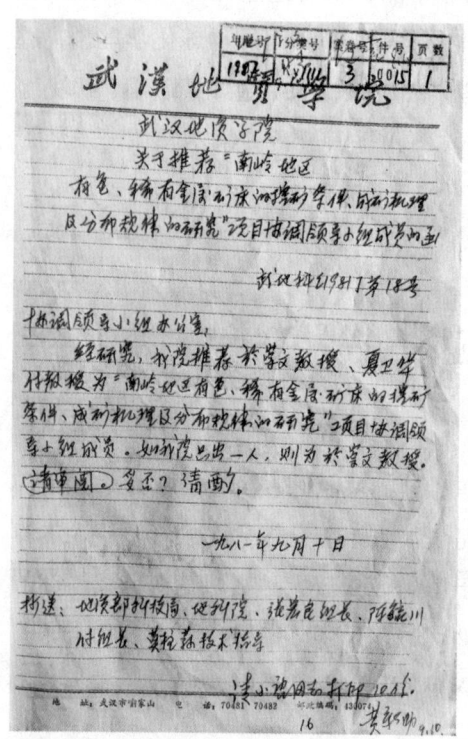

图7-1　武汉地质学院关于推荐於崇文为南岭项目负责人的函

汉地质学院承担的南岭项目二级专题之一"南岭地区区域地球化学"的总负责人。

领命专题负责人后，於崇文开始思考专题研究的方案。经过几个月的努力，顺利完成了《南岭区域地球化学专题研究设计书》。在设计书中，於崇文阐述了区域地球化学研究的背景、意义、目标、主要内容及预期成果。

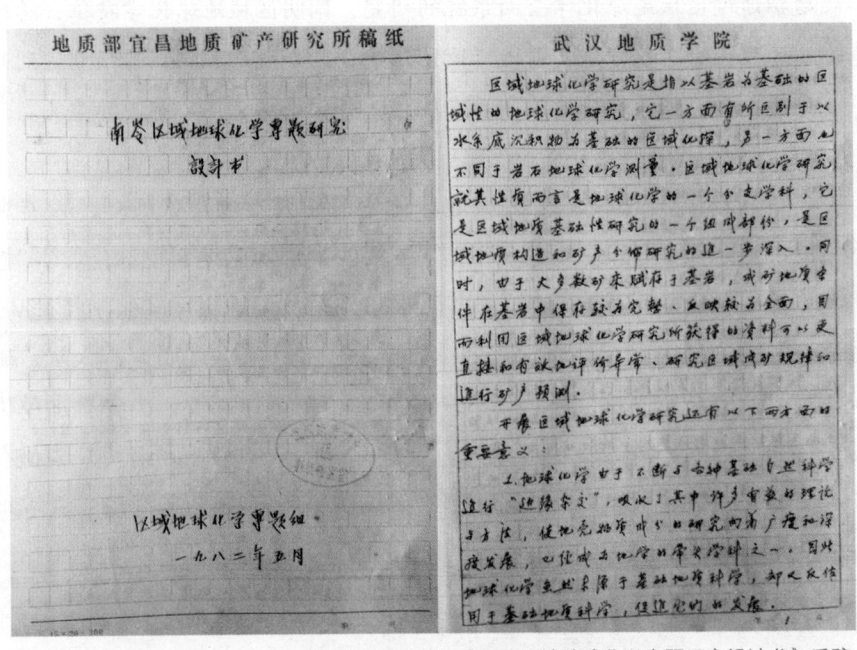

图 7-2 於崇文《南岭区域地球化学专题研究设计书》手稿

南岭区域地球化学研究的目标主要有三点：一是对于研究的区域进行全面的地球化学研究，阐明它的区域地球化学特征；二是在已有的工作经验基础上，进一步探索并总结出一套区域地球化学的理论与研究方法；三是在深入研究与分析区域地球化学特征的基础上，对所研究区域进行地球化学分区和成矿预测。

在基础地质研究程度较高的南岭地区开展区域地球化学研究工作，一方面可以利用研究所获得的资料更直接有效地评价异常、研究区域成矿规律和进行矿产预测；另一方面对于探索并总结出一套我国自己的区域地球化学理论和研究方法也具有重要意义。[①]

1982年7月,南岭项目协调领导小组组织专家对5个专题的研究设计书进行评审,其中,对"南岭地区区域地球化学"研究专题的审批意见认为:

> 该专题以成矿作用与时空结合为基本指导思想是比较明确的,专题拟通过区域地球化学全面系统的研究,阐明区域地球化学特征,总结一套理论和工作方法,并进行地区化学分区和成矿预测,若预期达到此目标,必将促进基础地质学的发展,既有理论意义,又有实际意义。[②]

评审通过后,"南岭地区区域地球化学"研究专题正式展开,该专题下又设"广东韶关地区区域地球化学""江西南部地区地层地球化学""桂北地区地层及锡矿带地球化学""广西中东部泥盆纪地层地球化学特征势"四个课题,分别由武汉地质学院地球化学系、江西区域地质调查大队、矿床地质研究所和宜昌地质矿产研究所承担。根据工作需要,由各参加单位成立专题综合组,於崇文担任组长,梁约翰、胡云中担任副组长,成员有张本仁、魏秀喆、殷宁万,由骆庭川协助组织安排专题业务活动,武汉地质学院为主持单位。

专业大练兵

跟随於崇文参加过南岭项目的师生,都将这一项目称为"南岭大会战"。虽然已经过去30余年,於崇文回忆起"南岭大会战"仍记忆犹新,并亲切地称那片地区为"共同战斗过的地方"。

[①] 於崇文:南岭区域地球化学专题研究设计书,1982年5月。存于中国地质大学(武汉)档案馆。

[②] 上报南岭科研项目专题设计及审批意见书,1982年7月。存于中国地质大学(武汉)档案馆。

1982年5月，南岭项目第二次协调会议在北京召开，会上，地质矿产部副部长朱训强调项目要达到三个目的，即"出一批成果，出科技攻关的经验，出人才"。武汉地质学院本就是培养人才的地方，正好借此项目"练兵"。

这次项目，武汉地质学院地球化学系几乎"倾巢出动"，全力以赴参加工作。项目团队包括於崇文、骆庭川、鲍征宇、唐元骏、岑况、马振东、韩吟文、陈跃庭、孙宝田、殷庆和、高山、张本仁、胡以铿、杨春华、陈海军、朱有光、阮天健等人，其中教师12人、研究生5人、实验室工作人员5人、本科生70余人，还有一些行政人员，总计百余人，组成一支浩浩荡荡的"战斗队"。

20世纪80年代初期，"文化大革命"结束不久，在极困难的条件下，副校长周守成大力支持，由学校派三辆吉普车供团队野外工作使用，还从有关单位调剂到必需的汽油票，为完成野外工作创造了有利条件。

於崇文要求项目参与人员贯彻高标准、严要求、脚踏实地、从基础做起的实干精神和实事求是的科学精神。为了保证工作质量和提高工作效率，於崇文根据工作需要，将全体人员划分为区域、地层、岩体、矿床、表生和实验等专题研究组，分工合作。例如，为了进行地层地球化学研究，制作了详细的地层地球化学剖面的测制与采样要求；为了进行地球化学场的研究，根据取样理论，采用"分层采样法"，并且制作了内容详细的基岩地球化学野外观察点记录卡片等。

以这种大规模的方式攻关科研项目，对于地球化学系来说，无疑是一次很好的大练兵。於崇文说："当年大家为完成国家下达的科研任务意气风发、满腔热情、齐心协力、克服种种困难，那情景至今令人精神振奋，犹如身临其境，久久难以忘怀。"后来，於崇文还对这次大会战的经验进行了总结："相当人数的教师、研究生和本科大学生相结合形成一个专业性的教学－科研－生产集团，在学校和院系领导的支持下，可以集中优势力量深入、细致地开展规模较大、难度较高的复杂系统的研究工作。"[1]

南岭地区山脉耸立，地况复杂，开展地质勘探采样困难重重。岑况是

---

[1] 於崇文：继往开来，更上一层楼。见：郝翔，张锦高著，《难忘山下前行：中国地质大学改革发展30年纪念文集》。武汉：中国地质大学出版社，2009年，第34-37页。

於崇文在恢复高考后带的第一批硕士研究生之一，1982年毕业后留校任教，成为参与南岭区域地球化学研究专题的骨干人员。

  1982年留校后我做的一件重要事情就是协助於先生在南岭地区开展区域地球化学研究工作。於先生当时主持地质矿产部的一个重大项目，野外工作主要由唐元骏师兄和我组织完成。粤北山高林密，条件非常艰苦，工作量非常大。在於先生的领导下，我们克服各种困难完成了项目的全部野外采样工作。后来很多人评价南岭项目工作量之大，条件之艰苦，在区域基岩地球化学项目中史无前例。

  样品采集后全靠教研室分析仪器和人员完成样品的分析。那时仪器设备极其落后，几十万个数据全靠一个个用肉眼识别判读。於先生用坚定的意志和决心，克服重重困难完成了南岭项目，在区域地球化学研究方面取得重大突破。我有幸参加南岭项目，从於院士身上学到了更多的专业知识和科研品质。[①]

  20世纪80年代初，国内科研仪器设备落后，条件艰苦，野外地质的采样和测算几乎全靠人力开展。1982年从浙江大学地质系毕业的鲍征宇，刚刚考入武汉地质学院，成为於崇文的研究生，也参与了南岭项目的研究工作。从他的日记中可以感受一下当时南岭项目开展野外地质工作的细节情况。

南岭日记[②]

鲍征宇

  1982年8月11日，星期三，晴，下午阵雨

……

  马振东小组到现在还没回来（晚上11点差5分）。车子都出去找

[①] 岑况：我的人生幸事。2013年10月，未刊稿。资料存于采集工程数据库。
[②] 鲍征宇：南岭日记。见：郝翔，张锦高著，《难忘山下前行：中国地质大学改革发展30年纪念文集》。武汉：中国地质大学出版社，2009年，第88—93页。

了，大家都很着急。在7点半左右，我和陈跃庭、刘建维去公安局，要求协助找人。公安局已向715厂、金鸡岭水库、桂头公社挂了电话，没找到。我又去乐昌车站铁路派出所，要求询问青石坑车站、安口车站、梅村车站（铁路专线，外面电话打不进），结果在青石坑车站得到情况，说下午6点左右有两个同学去车站打电话，因马老师中暑，要求派车。结果接电话的唐师傅以为是安口车站，汽车去安口接，当然没接到，就拖晚了。现在众人已离开青石坑车站，不知去向。出师不利！

1982年8月14日，星期六，晴

……

天完全黑了，脚也很胀痛，但又不得不加快步伐。幸亏大家有意识地多聊天，也好一些。到梅村林场已8点半了，在铁路职工住宿处挂电话到乐昌招待所，把情况讲了，要求派车到梅村公社。在打电话时我腿软得都站不住了，田萍萍、程建萍当然更累得不会动了。休息一会后，铁路职工打着手电把我们送到梅村公社，又陪我到公社电话总机，我又给於老师挂了电话。9点多於师傅和张亦宝老师由一个机场当兵的领路开着吉普车来了，大家就一起上了车，这时大家除腿酸痛外，心情还很好，也一点不感觉饿。张亦宝听说我们还没吃饭。就坚持去机场部队先找点吃的。等车到了部队饭堂，我们下了车，准备叫两位女生下来吃饭时发现程建萍在哭，说是全身发麻，她要我把她的手扳开，我一扳发现她的手指很硬，大家就有点慌了，急忙把车开到部队卫生所，给她打了葡萄糖，又喝了一碗加糖加盐的水。约40分钟，她感觉能回去了，就又回到饭堂。我和田萍萍、程建萍都吃了一点面条。在回乐昌的路上，程建萍又发高烧，她说很冷，牙齿都打得响。车子就直接开到了乐昌县医院。之后我先回招待所睡了。

今天早上起来听说程建萍昨晚就回来了。田萍萍早上也哭。上午10点多去她们房间看了一趟。晚上又开了会，讨论具体的问题。

1982年8月22日，星期天，晴

今天是第二次遇难。

因第五组的工作量大，尤宝华身体又不好，我劝他不要上山，我去第五组。汽车到五山公社已是9点钟了，顺着一条小公路上去，沿途瀑布飞泻，很是壮观。到小洞已11时了，在老乡家坐了一会，要了开水喝。下午1点到大洞，然后经牛头洞到田螺坑，上了公路已是下午5点半了，见到岑老师，说小车进不来，只得又折回到大公路上，晚上7点半到板头岭，在老乡家做饭吃，晚上12点回到住处。花岗岩多已风化或蚀变。这一带据说野猪很多，农田都用竹篱笆围起来。

这次南岭的野外练兵约有两个月时间，期间经历了各种困难，给大家留下了深刻的记忆。朱有光也经历了这次项目大练兵的过程，他回忆：

回想起1982年韶关乐昌野外练兵阶段，一辆小车开路，两辆卡车满载师生，举着红旗浩浩荡荡出发的威武情景；回想起马振东在野外中暑，众人冒着大雨抬着赶路，以及王立艮躺在马路上截车的传说；回想起於老师得知马振东中暑后在指挥部急得团团转，以及他身先士卒顶着酷暑带领师生钻茅草丛向山上攀登的镜头……一幕幕仍然记忆犹新。南岭项目大兵团作战的形式，以及由它而开始的研究成果、教学效果，给我们留下了很多值得怀念的、刻骨铭心的记忆。[①]

在经历"文化大革命"后，国家急需专业人才之时，南岭项目无疑是一次专业大练兵，於崇文及其团队，以完成国家攻关项目的研究任务以及锻炼地球化学专业人才和发展地球化学学科为共同目标，齐心协力，凝聚集体的智慧和力量，众志成城，从野外到室内，自始至终满腔热情地保质、保量完成了研究和练兵任务，并对以后继续保持并提高这种凝聚力开展科研教学工作奠定了基础。

---

① 郝翔，张锦高：《难忘山下前行：中国地质大学改革发展30年纪念文集》。武汉：中国地质大学出版社，2009年，第43页。

突出的战绩

於崇文带队的"南岭区域地球化学"研究专题不仅锻炼了一批地球化学专业人才，也积累了大规模作战的科技攻关经验，更重要的是还产出了一批重要的科技成果。

该研究专题的工作区域约 32 万平方公里，分为粤北、赣南和桂北三个地球化学分区。通过对这三个分区的各系及各组（群、段）的地层地球化学剖面研究，以及粤北的系统区域地球化学研究，包括沉积岩地层丰度、花岗岩元素丰度、元素共生组合、沉积作用、岩浆作用、成矿预测，取得了丰硕的成果，为南岭地区东、中、西三个地球化学分区积累了系统可靠的基础地球化学资料。

在南岭项目的专题研究中，於崇文以"地质作用与时－空结构是一切地质现象的本质与核心"的思想为指导，以耗散结构理论为基础提出了一种"区域地球化学"的理论与方法。这种理论将地质系统划分为地球化学系统的物质、地球化学作用、地球化学过程和地球化学场四大部分，提出了化学元素"丰度"的新定义和新的计算方法，提供了南岭地区各时代地层和三大岩类以及粤北地区花岗岩类中 47 种化学元素丰度的最佳近似值，刷新了该地区原有的元素丰度数据。制定了新的地球化学找矿准则和标志，即区分同生沉积与后期叠加的准则和标志以及度量后期叠加强度的准则和标志，并据此对三个地球化学分区的区域岩石提出了含矿性评价。

於崇文还带领研究团队对花岗岩体进行了比热和热导率测定，研究了花岗岩浆侵位后花岗岩热学状态的演化趋势，并且应用了成岩成矿的地球化学实验和计算机模拟技术，对粤北加里东构造带和古生代沉积盆地的两大成矿系列中四个典型矿床的地球化学特征和成矿作用的化学动力学进行了研究，阐明了红岭钨矿床的含钨成矿流体从岩浆中萃取、析出和富集的条件，并提出了凡口铅锌矿床的"热液溶蚀成矿作用"新的成因观点。

同时，於崇文将铅构造学分析和沉积作用－岩浆作用－成矿作用综合时间序列与马尔可夫概型分析相结合,对成矿作用的演化与时间结构进行了研究,揭示了粤北地区主要矿床的成矿时代、成矿地质构造环境、成矿物质来源以及成矿作用的演化和时间结构。在此基础上进一步应用耗散结构理论深入地揭示了该地区上部地壳地球化学演化的动力学规律,反演和揭示了泥盆纪和石炭纪地层金属含矿性的动力学原因,指出耗散结构的多重性和多阶段性决定了地球化学作用的演化,并将历史引入了地球化学,从而阐明了成矿地球化学作用的动态演变与时间韵律。研究还指出,耗散作用的局域化将地球化学场引入了地质学,从而阐明了成矿地球化学分区(成矿远景区带)的形成与发展及其动力学空间模式,并且用地质统计学研究地球化学场的空间结构,在粤北地区圈定了21个金属成矿远景区,既验证了现有矿区,又扩大了其外围与深部。这一成果为阐明金属成矿学、历史地球化学和区域地球化学之间的内在联系提供了新的启示,开拓了新的领域,展示了新的前景,并发展了地球化学的"区域地球化学"分支学科。①

在於崇文的带领下,按照最初专项研究的设计方案,各课题承担单位自1982年开始至1985年先后完成了三级课题研究成果——《广西中东部泥盆纪地层地球化学特征势》(宜昌地质矿产研究所)、《广东韶关地区区域地球化学研究》(武汉地质学院)、《江西南部地区地层地球化学基本特征》(江西省区域地质调查大队)、《桂北地区地层及锡矿带地球化学》(矿床地质研究所)。在此基础上,由於崇文领衔,最终形成了100万字的专题研究总报告《南岭地区区域地球化学研究》。

1986年1月26日—2月1日,由地质矿产部科技司和中国地质科学院组织,聘请中国科学院、有色工业总公司、核工业部、国家教委和地质矿产部等单位的专家,对南岭项目进行评审。评审认为:

  南岭项目属于多学科多层次、采用点面结合协同攻关的系统组织管理,应用近代测试技术与研究方法,为南岭地区积累了丰富、系统

---

① 於崇文:继往开来,更上一层楼。见:郝翔,张锦高著,《难忘山下前行:中国地质大学改革发展30年纪念文集》。武汉:中国地质大学出版社,2009年,第35页。

的第一性资料和近代地球化学测试数据。在成矿理论和区域成矿研究方面取得了重要的新进展，提出了有价值的找矿标志、找矿方向和远景预测区。该项成果已达到国内先进水平，在其中某些领域，如应用耗散结构理论对成矿作用与时空结构作动力学分析，若干矿田构造和机构控矿规律，花岗岩岩石学和地球化学的系统研究等方面已经达到了国际先进水平。[1]

评审会上，於崇文代表"南岭地区区域地球化学"专题团队进行了成果汇报，得到了评审组的一致好评。评审认为：

这样系统全面地运用系统科学理论和方法来研究区域地球化学，在我国是一项具有首创性和开拓性的科学研究工作，它对我国区域地球化学的发展必将产生深远影响。在一些新理论的应用范围和研究深度，以及所取得的研究成果方面已超过国内外的同类研究水平，并有新的发展和提高，达到国际先进水平。

不仅为生产部门提供了数十个成矿预测远景区，而且在科学技术

图 7-3　1986 年 1 月，南岭项目成果评审会代表合影（前排左 3 为於崇文）

---

[1] 张如玉："南岭地区有色、稀有金属矿床的控矿条件、成矿机理、分布规律及成矿预测的研究"评审会在北京召开．《矿床地质》，1986 年第 2 期，第 52 页，第 62 页。

发展上还总结出一套理论和方法，处于国际前沿，为今后发展我国区域地球化学作出了开创性的贡献。①

图 7-4　1986 年，於崇文在南岭项目评审会上作汇报

1988 年，於崇文负责的"南岭地区区域地球化学"专题项目获得了地质矿产部科研成果一等奖。作为南岭项目的主要完成者之一，他获得了国家科学技术进步奖二等奖。

图 7-5　"南岭地区区域地球化学"获得地质矿产部科研成果一等奖的证书和奖章

---

① 於崇文人事档案：中国科学院学部委员候选人推荐书，1991 年 2 月。存于中国地质大学（武汉）档案馆。

图 7-6　1988 年，於崇文获得 1988 年国家科学技术进步奖二等奖

理论的深化

　　地球化学作为一门诞生于 20 世纪初的地质学与化学之间的新兴边际学科，虽然发展迅速，但是理论仍不成熟。区域地球化学，尤其是针对区域基础地质与区域成矿规律的系统地球化学理论研究尚未出现。这次"南岭地区区域地球化学"专题研究，摆在於崇文面前的任务就是如何将地球化学的基础理论与方法和南岭地区的研究相结合，进行大胆的探索。

　　20 世纪 50 年代至 60 年代初，当国际上在热力学方面还是以经典的平衡、不可逆过程热力学为基础时，於崇文在建立对地球化学学科认识的理论框架过程中，已经注意到非平衡、不可逆过程热力学在 50 年代中期悄然兴起，尚未引起国际地学界的注意。50 年代末，他和他的早期研究生在北京怀柔地区首次对矽卡岩体的交代作用过程进行不可逆过程热力学的探

第七章　转战南岭　123

索性研究，其学术论文于 1963 年在我国矿物学、岩石学、地球化学首次全国会议上宣读。可惜这项研究因"文化大革命"被迫中断。80 年代初，於崇文以南岭项目为契机，接力棒式地从不可逆过程热力学起步，然而他并不以之作为终极目标，而是通过不可逆过程热力学进一步直接向动力学跨越式发展。

在多年的实践中，於崇文认识到平衡是暂时的、局部的和相对的，而非平衡则是永恒的、全局的和绝对的。自然界的系统和复杂的环境相联系，二者之间进行持续不断的物质、能量和动量交换，时刻受到来自环境的扰动，同时系统的内部又不断自发产生涨落，因此不会在时间的推移中永远停留在静止的平衡状态。一个地质区域通常经历过沉积作用、岩浆活动、构造运动、变质过程、成矿作用，以及表生的风化、剥蚀和生态变化等复杂历史，因此从整体看来，其经常处于偏离平衡、甚至远离平衡的状态。非平衡所引起的状态转移包含着动力学的机制或历程，非平衡、不可逆过程热力学通向动力学，二者息息相通。

此后不久，於崇文又提出"广义地球化学动力学"的新定义和命题，并发展出"成矿作用非线性动力学"的理论体系和方法论，在我国率先将其引入矿床学，进一步使矿床成因和成矿规律研究从定性走向定量，从静态上升到动态，开辟了矿床学中"成矿作用动力学"这一新的学术方向，从而将矿床成因和矿床地球化学研究提高到一个新的水平。

在开展南岭项目之前，於崇文就已经提出并运用耗散结构理论和动力系统分析对南岭的广东韶关一带进行了两年时间的区域地球化学研究。1980 年，根据地质找矿工作的需要，广东省地质局 706 地质队与武汉地质学院地球化学研究室合作承担了地质矿产部重点科研项目"广东—六地区区域地球化学研究"，该研究通过对广东—六地区地球化学特征的分析，研究探索区域地球化学的理论与方法，阐明该地区的成矿规律，并对该区的金属矿产远景进行综合评价与成矿预测。该研究成果获得了 1985 年度地质矿产部科技成果二等奖，形成的专著《广东—六地区区域地球化学研究》于 1987 年由地质出版社出版。

1982 年 11 月 9 日，武汉地质学院举行第十届科学报告会庆祝建院三十周年，於崇文在报告会上作《成矿作用与时空结构》学术报告。他以系统科学中的耗散结构理论为基础，首次提出了"成矿作用与时-空结构"的理论观点，并以之作为开展南岭区域地球化学研究的理论基础与指导思想，较深刻地揭示了研究地区成矿作用与时-空结构之间的内在联系与本质，开创性地探讨了成矿作用的动力学模型，同时在区

图 7-7　1982 年 11 月 9 日，於崇文在武汉地质学院第十届科学报告会上作报告

域地层、花岗岩类地球化学研究与区域成矿远景预测方面也取得了一系列创新成果。这一新的理论体系与方法论的作用不仅限于区域地球化学，而且也是现代地球化学理论体系的一大革新。

南岭项目结束后，於崇文根据其所建立的理论体系，对云南个旧锡-多金属成矿区进行了深入的内生成矿作用动力学体系研究，而后对热液成矿作用动力学和岩浆期后成矿作用动力学进行了专题研究。经过多年研究总结，於崇文将研究成果成书于《云南个旧锡-多金属成矿区内生成矿作用的动力学体系》《热液成矿作用动力学》和《成矿作用动力学》三本专著，并发表数十篇学术论文，为成矿作用动力学这一新学术方向奠定了理论基础，丰富和发展了他所提出的地球化学理论体系和方法论。

於崇文等在《云南个旧锡-多金属成矿区内生成矿作用的动力学体系》一书中，将成矿区域的整体作为一个宏大的动力学体系进行深入研究，该研究不仅大大提高与深化了个旧成矿区自三叠纪以来，内生成岩与成矿作用的过程、机制、物理化学环境、时间演化及空间展布的认识，为进一步找矿提供了重要的依据，而且还详细、深入和系统地介绍了地球化学动力学系统研究的理论体系、方法论及各类具体方法，具有很高的学术

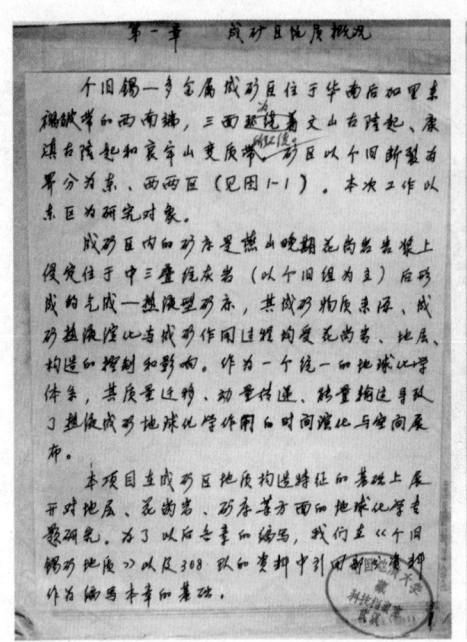

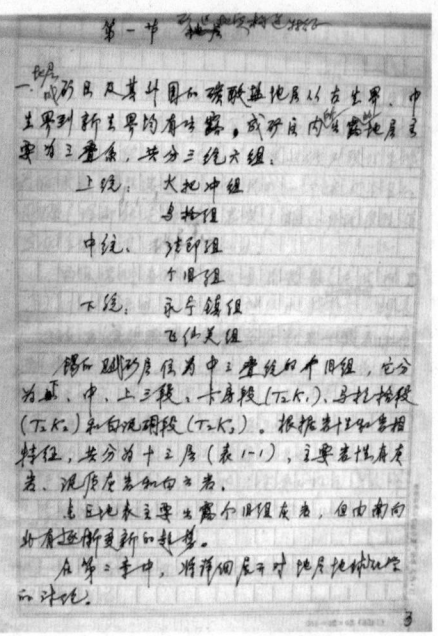

图 7-8　於崇文《云南个旧锡－多金属成矿区内生成矿作用的动力学体系》手稿

价值与实用意义。以张本仁教授领衔的项目评审组在对该项科技成果进行鉴定时认为，该研究"不仅在理论研究及取得的主要成果上已达到国际先进水平，而且在应用耗散结构理论解决地球化学问题方面已处于国际领先行列，具有自己的特色。"[1] 1990 年初，德国地球科学与自然资源研究院专门向於崇文来函，希望赠予他们这本专著。该书还获得了 1990 年度国家新闻出版署第五届全国优秀科技图书二等奖，1990 年度地质矿产部科研成果二等奖及 1989 年度（1986—1988）中南地区大学出版社学术专著奖一等奖。

《热液成矿作用动力学》这本专著是国家自然科学基金及地质行业基金项目研究成果。该专著从水岩相互作用的化学动力学、多孔介质中热液成矿作用的流体动力学、断裂裂隙介质中热液成矿作用的流体动力学、物理化学流体动力学与成矿作用、渗滤交代成岩成矿作用的化学机制等方面对热液成矿作用的动力学作了系统论述，是国内这一方面的第一部专著，

---

[1] 关于《云南个旧锡－多金属成矿区内生成矿作用的动力学体系》的评审意见，1989 年 6 月 30 日。存于中国地质大学（武汉）档案馆。

图7-9 《云南个旧锡-多金属成矿区内生成矿作用的动力学体系》获第五届全国优秀科技图书二等奖

学术水平达到了当时的国际先进水平。同时也为我国成矿理论研究开辟了新研究方向、新学术思路和新技术路线。

《成矿作用动力学》一书是地质矿产部"八五"基础地质研究项目"岩浆期后成矿作用动力学"的研究成果。该项目以安徽铜陵层控矽卡岩型铜矿床、江西德兴斑岩铜矿田及其外围的银山火山-次火山型多金属矿床为重点，根据於崇文所提出的成矿作用动力学的理论体系和方法论，应用流体动力学、化学动力学、物理化学流体动力学、构造物理流体动力学等动力学理论与现代非线性科学原理，与相应的数学模型的理论分析和计算机模拟实验技术，系统而深入地研究了岩浆期后成矿作用的动力学过程及成矿系统的时-空结构。2003年，"成矿作用动力学"项目成果获得国土资源部科学技术奖二等奖。

如果说"南岭地区区域地球化学"研究是於崇文20世纪80年代初对于南岭地区的第一轮地球化学研究的成果，时过20余年，於崇文又对南岭地区进行了第二轮研究。

中国地质调查局2004年下达了一个研究项目，题为"南岭湘赣

图7-10 2003年,"成矿作用动力学"获国土资源科学技术奖二等奖

粤桂地区钨－锡多金属矿产资源的区域成矿作用动力学及其时－空分布规律"。这一轮是用复杂性理论对于南岭地区的区域成矿规律进行了研究,完成了题为《复杂成矿系统中的时－空同步化与南岭地区的区域成矿分带性》的研究报告。这项研究成果是南岭地区区域地球化学研究的开拓和深化。①

2007年,於崇文和他的团队继续进行了南岭地区区域地球化学的第三次研究。运用地球动力学对深部矿产资源进行探索是这一次研究的主要目标。这次研究主要以中国东部的重大地球动力学事件为背景,应用成矿系统复杂性理论,通过南岭地区的区域成矿分带性,对深部成矿源区进行探索性研究。其核心是用成矿系统复杂性理论,探索华夏褶皱带的地球动力学与金属成矿学之间的关系。为此,於崇文等提出了一个南岭地区深部地球动力学的金属成矿作用复杂性模型,并将其分为两大部分——深部地球动力学背景和金属成矿系统深部成矿源区的形成与时－空定位。并在此基础上提出了一个用成矿系统复杂性理论研究南岭地区深部成矿源区形成与时－空定位的内容与方法的研究方案。

从20世纪80年代初开始,於崇文对南岭地区区域地球化学进行了长达30年的关注与研究,提出了一套区域地球化学的理论与方法,取得了区域成矿规律理论研究和成矿预测两方面的丰硕成果,为发展我国的区域地球化学作出了开拓性贡献。

---

① 於崇文:继往开来,更上一层楼。见:郝翔,张锦高著,《难忘山下前行:中国地质大学改革发展30年纪念文集》。武汉:中国地质大学出版社,2009年,第34-37页。

第八章 登高望远

1995 年，於崇文当选中国科学院院士。在这之后，他并没有停止前进的脚步。同年，他开始将研究工作的重点从"成矿作用的非线性动力学"向"成矿系统的复杂性"拓宽和深化，同步开展地质系统与成矿系统的复杂性研究，并于 2003 年出版《地质系统的复杂性》，2006 年出版《矿床在混沌边缘分形生长》，逐步构筑起地质与成矿系统复杂性研究的平台，为证明"地质科学是科学的"而不懈努力。

当选院士

院士是国家设立的科学技术方面的最高学术称号，当选院士是对科学家作出学术成就的一种肯定。根据规定，院士候选人由院士和有关学术团体推荐，要求候选人须是"在科学技术领域做出系统的、创造性的成就和重大贡献，热爱祖国，学风正派，具有中国国籍的研究员、教授或同等职称的学者、专家"。

於崇文长期从事数学地质与地球化学跨学科的教学与科学研究，专业方向地球化学，研究领域涉及区域地球化学、矿床地球化学、成矿作用地球化学与勘查地球化学，主攻地球化学基础理论，是在国内外享有盛誉、在地球化学界有卓越成就的学术带头人之一。鉴于於崇文的学术成就和贡献，1995年10月，他当选为中国科学院院士。

图8-1 1995年，於崇文当选中国科学院院士证书

图8-2 1995年11月17日，庆祝於崇文（前排左4）当选中国科学院院士留影

於崇文当选院士时已71岁，但他的学术生涯却是年轻的。在当选院士之前，於崇文因其学术贡献曾获得过多项荣誉。例如，1990年因从事高校科技工作四十年成绩显著，获得了国家教育委员会颁发的荣誉证书。因对发展我国高等教育事业作出的突出贡献，1991年7月开始享受国务院颁发的政府特殊津贴。1991年10月，获得第二届李四光地质科学奖，该奖项于1989年李四光一百周年诞辰时由地质行业各部门共同发起、经中央批准设立，奖励从事野外地质工作、地质科研工作和地质教育工作有突出贡献的地质工作者，是我国地质行业最高荣誉奖。

问及推选中国科学院院士的情况时，於崇文说："学校给报上去了，我也没怎么管，后来就通知说当选了。"①

於崇文是一个纯粹的人，潜心于研究和教学。除

图8-3 1990年12月，於崇文荣获国家教育委员会颁发的荣誉证书

图8-4 1991年10月，於崇文获得国务院颁发的政府特殊津贴证书

图8-5 1991年10月，於崇文荣获第二届李四光地质科学奖

---

① 於崇文访谈，2013年12月24日，北京。资料存于采集工程数据库。

此之外，他还是一个认真负责的人，心系教育和科技改革。实际上，他平时研究自己学科的时间已经很紧张，但是他仍然愿意抽出精力来开展调查研究，而且每次都会经过细致的研究与分析，再提出自己的思考与见解。

成为院士后，於崇文常被邀请参加科技类咨询工作，他很少推辞，力所能及地提供自己的思考和见解。例如，1997年10月，他与杨遵仪、郝诒纯等共同签署院士建议《关于制订珍稀古生物化石保护法加强研究工作协调及对外合作管理的紧急呼吁》；他考察武汉神龙汽车公司后提出"科技的使用和科学的管理对企业至关重要""科技必须走与经济相结合的道路"，这些建议为当时的科技管理部门的决策提供了参考。

1998年7月1日，国务院开始在中国科学院、中国工程院院士中实行"资深院士"制度，对年满80周岁的院士授予"资深院士"称号。资深院士不担任两院及学部的领导职务，不参加对院士候选人的提名和选举工作，但可以自由参加院士会议，继续享有咨询、评议和促进学术交流、科学普及等权利和义务。

2004年，年满80岁的於崇文获得资深院士称号。2005年，资深院士联谊会成立，於崇文积极参加联谊会的各项活动，先后对许多重大问题进行调研，积极为国家发展献言献策。他着手调研教育改革，特别是针对"钱学森之问"进行重点关注，探寻推进素质教育、培养创新人才的好经验、新举措。在於崇文等一批资深院士的指导下，形成了《为培养创新型

图8-6　2005年8月18日，"中国科学技术自主创新：问题与对策"研讨会代表合影（二排右5为於崇文）

图 8-7　2010 年 12 月，两院资深院士联谊会理事会扩大会议留影（前排左 6 为於崇文）

人才，进一步深化我国高等教育改革的几点建议》和《关于当前我国实施自主创新战略的几点建议》等多篇报告，并呈送国务院和党中央，为中央决策提供了参考。

研究转向

当选院士后，於崇文学术思想越发活跃。基于几十年的研究实践，他开始思考解决自己最初进入地质学专业的一个疑问——地质科学到底是不是科学？

> 我进入大学后，有一个前辈说"地质科学是不科学的科学"，这句话对我有很大的触动。因为我从小学到中学毕竟学了一些科学的东西，数学、物理、化学和生物学，还不至于出现一个不科学的科学，所以很难接受。这个疑问是一个切入点，使我产生了一个想法，就是要多学一点自然基础科学，所以后来基础课程就学得比别人多一点。我一生走出五个研究方向，就是这个想法产生的结果。①

---

① 於崇文访谈，2013 年 12 月 6 日，北京。资料存于采集工程数据库。

"地质科学是不科学的科学"这句话看似矛盾，但也是有一定原因的。於崇文后来曾谈到，因为地质科学太复杂了，不像数学通过计算公式和计算方法可以得到一个确定的结果，地质科学是多因子相互作用的非常复杂的过程，时间跨度很长，从地球存在以来已经有46亿年的历史了；空间跨度也很大，决不是三言两语可以说清楚的。所以造成的结果就是，看起来地质科学好像是不太科学，但这其实是一种误解，是人类的知识还没有达到科学地、正确地理解地球。

在於崇文看来，地质科学一定是科学的，只是我们对它的理解还不够。正是这句话使於崇文立志要使地质科学成为一门严密、精确的科学，不仅是用定性的语言来描述，而是能像数学、物理、化学等学科，可以用精确的语言来刻画它。为此，在大学读书期间，於崇文就有意识地加强了基础学科的学习。在后来的研究中，於崇文实际上只做了一项工作，即把数学、物理、化学以及复杂性科学等基础自然科学和地质科学结合起来，来寻求探索地质现象的本质和地球系统的基本问题。

於崇文是一位对学术动态与前沿比较敏感的人。20世纪80年代，国际上刚刚兴起复杂性科学研究时，他就有所关注。促使於崇文转向地质系统复杂性研究是缘于国内的一次复杂性科学讨论会。1991年1月25—28日，时任中国科学院院长周光召在中国首次领导召开了复杂性科学研讨会。这是国内举行的第一次有关复杂性问题的科学研讨会，彭恒武、叶笃正、曾庆存、何祚庥、张弥曼、孙小礼、金吾伦等不同领域学者结合各自学科的成果、理论和方法，就复杂性的科学问题、科学的综合性发展趋势，以及与此有关的问题，进行了交流、对话和研讨。於崇文也参加了此次研讨会，并作了《成矿规律》的学术报告。[1]

> 1991年在中科院礼堂召开的全国复杂性学术研讨会，我参加了这个会，开始接触到复杂性问题研究。那是国内第一个复杂性会议，国内科技界也比较关注，本来是要开一两天的会议，后来开了四五天。

---

[1] 赵松年：复杂性科学研讨会论文摘要。《世界科学》，1991年第5期，第53-57页。

听了大家的报告，我发现原来复杂性这个东西在国外也是比较新的。据我所知，美国1984年才成立了一个跨学科的复杂性研究中心。当时我正好做完了成矿动力学的三个项目，因此有精力转到复杂性去。所以90年代后期，我已经转到复杂性研究上来了。①

在这次会议上，於崇文受益良多。当时国际上对于复杂性的科学研究大多集中在数学理论及其在物理、化学、生物、生命、人脑和社会系统等方面的应用，较少研究地质系统，且主要涉及地震现象、地壳断裂构造、地幔对流和大气环流动力学等少数领域，工作相对零散。於崇文思考后认为，地质系统总体上也是一种远离平衡、时空延展的复杂耗散系统，对地质系统复杂性展开研究或许能够对古老而常新的地质科学进行再认识，将重大基础地质问题的研究提高到非线性科学和复杂性理论的层次，实现地质科学向精确科学的跨越，取得突破性进展，并带动相关学科同步发展。

於崇文认为，20世纪自然科学的发展趋势是由极小（粒子物理学）到极大（宇宙学）再到极复杂（复杂性科学），非线性和复杂性应是新世纪世界科学的重要前沿领域之一。于是，自1995年开始，於崇文致力于研究地质系统的复杂性问题。

继1991年国内首次复杂性科学研讨会后，1994年北京香山科学会议组织讨论了开放复杂系统的理论与方法问题，1997年1月和3月又分别讨论了开放复杂巨系统和地学中的非线性和复杂性问题，1999年着重讨论社会科学中的复杂性问题。於崇文积极参会，时刻关注国内外复杂性科学的研究进展。

2003年底，即将80岁的於崇文完成了180万字的著作《地质系统的复杂性》，对"地质科学是不科学的"疑问作了自己的初步回答。这本书中，他结合地质科学的四大基本范畴——地球物质的成分与结构、地质作用、地质学场、地质系统的演化，从地质系统复杂性的视角厘定了地质科学复杂性理论的九项基本内涵，并用复杂性理论和方法对这些基础理论问

---

① 於崇文访谈，2013年12月24日，北京。资料存于采集工程数据库。

题进行系统、深入和具体分析。提出了"地质作用与时-空结构是一切地质现象的本质与核心"的自然哲学理念，认为地质科学的基本问题是地质系统的复杂性。

地质系统是自然界中的一种异常复杂的开放、远离平衡、相互作用的巨大耗散动力学系统。它具有自组织临界性的内禀基本属性。它的时-空行为服从地质作用的自组织临界过程动力学。地质系统位于有序和混沌之间的过渡时-空域，即混沌边缘。其中系统呈规则和混沌运动并存和混合的弱混沌动力学状态，并且地质系统在混沌边缘分形生长。我们将上述命题演绎和整合成一种广泛适用于地质系统的地质科学的复杂性理论，并称之为"地质作用的自组织临界过程动力学——地质系统在混沌边缘分形生长"。[1]

复杂性研究是具有前瞻性和探索创新性的基础研究，被世界科学界认为是"21世纪的科学"。在《地质系统的复杂性》这本书问世以前，用复杂性对地质系统进行整体研究在国内近于空白，国际上也极少。"固体地球系统的复杂性和自组织临界性"在国内外尚未见其作为完整和独立的命题提出，也未见相应的学术专著出现。於崇文走在了地质科学复杂性研究的前沿。他曾断言，地质系统的复杂性研究将是21世纪地学发展中居于战略地位的生长点之一，是传统地质科学的创新和发展。

攀登不息

在复杂性研究领域中，於崇文没有停止脚步，继续探索创新。他在已有的复杂性理论的研究基础上，对成矿系统又进行了深入的探究。在《地

---

[1] 於崇文：《地质系统的复杂性：上》。北京：地质出版社，2003年，第5页。

质系统复杂性》出版三年后，2006年，於崇文又完成了有关矿床在混沌边缘分形生长的成矿系统复杂性理论研究，出版专著《矿床在混沌边缘分形生长》。

在这本书中，於崇文将非线性科学和复杂性理论与矿床地质学、地球物理学和地球化学相结合，在"地质作用与时－空结构是一切地质现象的本质与核心"的自然哲学理念的指导下，对于复杂性科学中的自组织临界性、瞬态混沌、混沌边缘和弱混沌四大前沿领域作了较深入的剖析，认为开放、远离平衡、时－空延展的耗散动力学系统自发地通过自组织而归宿于自组织临界性和混沌边缘并且分形生长。他将以上论断应用于成矿系统，获得了"矿床在混沌边缘分形生长"的重要结论。

同时，於崇文提出了"矿床在混沌边缘分形生长"的理论框架和理论纲要，将矿床成因和成矿规律研究划分为五大基本范畴、七项外延和十九项基本内涵，以及与它们相对应的诸多非线性动力学特征，构成

图 8-8　於崇文《矿床在混沌边缘分形生长》手稿

第八章　登高望远

137

了对于"矿床在混沌边缘分形生长"命题的客观性的系统和全面的严格论证。

於崇文和他的团队对于扬子古陆周缘和南岭地区七大矿集区开展了近30年的成矿系统动力学与复杂性的研究,深入研究了成矿的发生、驱动力、过程和演化、动力学机制、时-空结构与定位,使矿床成因和成矿规律研究从定性走向定量,从静态上升到动态,并进一步从动力学提升到非线性科学和复杂性理论的层次,从而使矿床学从唯象科学向精确科学跨越。同时,通过矿床范式的研究与实践,指出该理论对于矿床成因与成矿规律的探索及矿产资源的勘查具有重要意义。应用复杂性科学研究矿产资源的形成与发展,在国内外均为创新之举。

2007年,《矿床在混沌边缘分形生长》专著获得第一届中国出版政府奖图书奖提名奖。

於崇文根据自己几十年科研的切身体验,认为自然科学的研究程度一般可分为四个层次:第一层次是将观察所得的经验事实进行总结;第二层次是将基本现象进行归纳和演绎,并形成唯象理论;第三层次是上升到具有普适性和包容性的基础理论和方法;第四层次是抽象为数学的形式体系和哲学思维。

20世纪80年代,当时於崇文认为自己的研究只停留在第二个层次,那是一个注重经验的层次。又过去了30年,他认为自己处在第三个层次并努力追求第四个层次。他说,要将地质科学抽象为数学的形式体系,很不容易,但只有实现这一点,"地质科学是不科学的科学"的说法才会彻底消失。

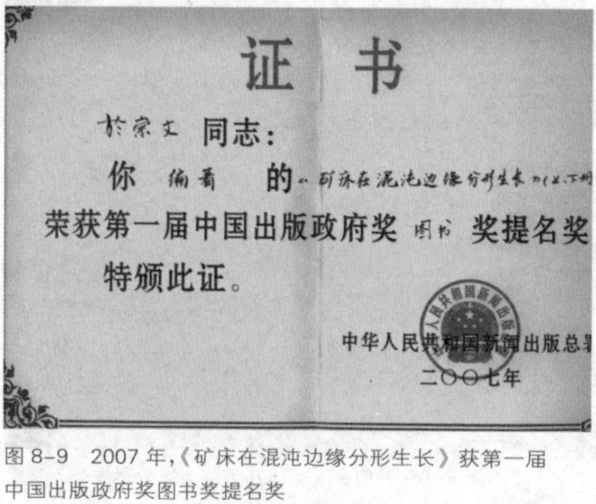

对于"地质科学是不科学的科学"的说法,於崇文认为对其说"不"

图8-9 2007年,《矿床在混沌边缘分形生长》获第一届中国出版政府奖图书奖提名奖

非常必要，同时也任重道远。他认为，之所以一直存在"地质科学是不科学的科学"的观点，是因为地质科学博大精深，极其复杂，精确描述是其面临的极大难题。

新中国成立以来，地质科学的应用为国家的经济建设和社会进步作出了巨大贡献，在应用研究方面也有长足进展，然而地质科学还较少取得重大突破性和独创性的进展。在於崇文看来，要改变这一现状，实现地质科学向精确科学发展，需要多学科理论和方法的交叉和融合。2013年，年近90岁的於崇文仍在继续运用这一理论进行区域与深部地球动力学及成矿系统复杂性研究，为发现新的矿产地和为危机矿山寻找后继资源提供依据而努力。

於崇文在科学研究上有战略眼光、有全球视野，我们总认为地质科学是不太科学，但是於院士觉得地质科学经过多年的探索跟努力，可以逐渐地把它变为精确的科学。他有着深厚的自然科学基础，把数理化基础的自然科学用于地球科学深入的发展。我认为於院士是基础自然科学跟地球科学相融合、探索地球科学精确化的主要倡导者，而且是作出了多方面的重要贡献的。[①]

从接触地质学专业以来的半个多世纪里，於崇文一直致力于实现将数学、化学、物理学和非线性及复杂理论与地质科学相结合，促进地学向精确科学发展的理想。他的一生可以说是为实现基础自然科学与地质科学相结合而奋斗的一生。他知道，"地质科学是不科学的科学"的观点不会一下子完全消失，地质科学的定量化研究更不是一蹴而就，可能会出现很多反复。他明白，这件事需要投入一生精力，更需要将数学、化学、物理学和非线性及复杂理论与地质科学相结合，探索地质现象的本质和地质科学的基本问题。即使道远且艰，但他仍然身体力行。

---

① 翟裕生在於崇文九十华诞庆典上的发言，2013年11月3日，北京。资料存于采集工程数据库。

第九章
做一辈子老师

於崇文是位杰出的地质教育家。1950年在北京大学任助教；1952年参与组建北京地质学院，尚未升任讲师就独自开设了结晶学、矿物学课程；1955年他又在国内较早开设地球化学课程，1960年参与创建地球化学专业，为我国地球化学的学科建立和发展作出了卓越贡献。

於崇文从事地质教育工作七十余年，先后编写教材1部、出版专著9部，获国家科学技术进步奖二等奖，第一届中国出版政府奖图书奖提名奖，全国优秀科技图书二等奖，地质矿产部科研成果一等奖1项、二等奖4项，李四光地质科学奖等。几十年来，他的学术成就惠及众多学人，培养出一大批地质科学人才。面对这些荣誉，於崇文却说："我只是一名教了多年课的老师，也愿意做一辈子老师。"

躬耕教坛甘为人梯

中国地质大学（武汉）校长王焰新院士评价於崇文：

他是位宽厚仁爱的长者，品德高尚；他以知识报国，堪称爱国敬业的典范；他注重言传身教，提携晚近、奖掖后学；他追求真理、淡泊名利。作为学校地球化学专业的创业者之一，无论是科研活动还是研究生指导，他都没有权威的架子，而是平等待人。在出版学术著作时，他不是按资格、年龄，而是按贡献署名排序，体现了大家风范。他生活简朴、廉洁奉公，一直保持着艰苦奋斗的优良作风。在野外考察过程中，与同事们、同学们同劳动、同生活，坚决不搞特殊化，他八十岁高龄仍骑自行车到国家图书馆看书、借书，后来在弟子们的劝说下才乘坐出租车，从不让学校派专车接送。①

　　於崇文不求闻达，乐于教学，热爱学生。学校里每年的新生入学教育，於崇文有请必到，而且每次都耐心地给学生指导和讲解，把自己的学习、生活经验传授给年轻的学生。

　　於崇文不仅向学生传授知识，而且着重培养学生的专业能力。地球化学专业成立时，於崇文就常跟学生们倡导要"师生共建"。让学生参与专业建设，提高了学生学习的积极性。当时没有教材，老师们编出教材后，学生们帮助刻写、油印，激发了学生学习的主动性，在学生能力培养上起到了非常大的帮助作用。

　　於崇文告诉学生，学习虽然是一个很辛苦的过程，但学到了之后就是享受的过程。他经常强调，无论从事任何一个学科，一定要注意思路，思路要清楚。什么是根？什么是枝？什么是叶？什么是花？什么是果子？这样才能把逻辑弄清楚。许多学生表示，这个研究方法让大家受用一生，对后来的工作有非常大的帮助。

　　科学严谨一直是於崇文留给学生们最深刻的印象。1986年春节后，於崇文带领学生在云南个旧锡矿进行野外工作。年过六旬的他，无论是跑野外还是下矿井均走在队伍前列。一次，於崇文检查学生们的地质现象素描，发现有些学生画得达不到他的要求，便毫不留情地批评道："画得不得要领、达不到小学水平，恐怕连幼儿园的水平还不如。"随后，他将学生

---

① 王焰新：在於崇文九十华诞暨从事地质工作七十年庆典活动上的发言。2013年11月16日，武汉。资料存于采集工程数据库。

的野外记录拿过来，自己画了起来。过了一盏茶的工夫，一幅规范、逼真的素描图完成了。学生们无不暗自服气，知道自己的地质涵养还差得远。

於崇文指导学生注重言传身教。无论是跑野外、测剖面、采样品（动辄几十、上百吨），还是这之后漫长的样品检测、实验室建设、实验操作、数据分析、理论建模、编程计算等各个阶段，他都亲力亲为，手把手地教。

图 9-1　1998 年，於崇文在江西弋阳县考察周潭－洪山剖面

1987 年上半年，於崇文带领 6 名研究生到个旧锡矿进行野外地质实习。个旧是世界著名的锡多金属矿区，拥有很多经典的地质现象，矽卡岩便是其中之一。於崇文知道这里有一条矽卡岩分带发育完整的地质剖面，便带着学生们去观察研究。这条剖面在个旧马拉格矿区地下 100 多米的一个坑道里，已经废弃多年，没有供电和照明，坑道内一片漆黑，通风设施也不完善，有很重的异味，坑道面是一陡坡，地上还有一层厚厚的淤泥。学生们纷纷想要放弃。

"矽卡岩剖面就在坑道的尽头"，於崇文告诉大家。从他的语气和表情就知道，这是出发与前进的指令，放弃显然是不可能的，在微弱的矿灯引导下，大家开始向坑道的尽头前进。同行的学生高合明回忆，那时自己才 20 出头，又是一个体育"健将"，但是每走一步都感到很艰辛。於崇文当时已近70岁，他的辛苦可想而知。

终于到了坑道的尽头，大家将所有手电和头上的矿灯聚焦在一起，矽卡岩剖面便呈现在面前。这是一条十分完整的矽卡岩分带剖面，矿物结晶也非常好，是教科书般的经典地质现象，宛如一幅精美的壁画。大家不仅看到了这一经典地质现象，更重要的是学到了不畏困难的执着精神。

於崇文在学术上精益求精、刻苦钻研的精神，对学生们影响很深。有一年，在学生毕业实习的时候，於崇文带领大家在辽宁鞍山樱桃园铁矿实习。於崇文把学生们带到一个废石堆，告诉大家废石堆是把地下各个地层的东西都搬到地上了，让大家在那里观察石块的不同。有些学生看了一会，觉得废石堆没有什么好看的，就站在那里发呆。於崇文却顶着太阳在废石堆爬上爬下，把标本一块块收集起来，每一块都详细地向学生介绍：上面是什么矿物、每块矿物的先后顺序、矿物的年代关系，从中说明元素是如何在迁移、运动，教育大家学习地球化学一定要看出元素在动。

"你们学了地球化学，就要在肉眼和肉眼的延伸即显微镜之外长出第三只眼——地球化学眼，要用它让元素从观察到的地质现象中动起来"，这是曹添教授曾对学生说过的话，也是於崇文反复提醒学生们注意的地方。基于"一定要让元素动起来"的教育理念，於崇文将矿物生成当中难以理解的现象变成了有规律可循的、生动活泼的图像，使大家理解了地球化学的真谛。

针对当时一部分学生存在专业不定的思想，於崇文教育他们一定要热爱自己的专业，对专业有兴趣才能做出成绩来。他还现身说法，举例自己原来不是学地学，就是出于兴趣和热爱才转到地学来的，直到现在还是非常有兴趣地在从事这方面的工作。这对学生们教育很深，培养了他们对地球化学专业的兴趣和热爱。

於崇文学风严谨，精益求精，认真科学地对待每一块标本、每一个数据，但对于自己的生活条件却并不在意。从干校刚回到北京的时候，於崇文一家住在地质大学西二楼单身教师的宿舍，房间仅有十几平方米，家具也十分简单朴素。於崇文和夫人把主要精力都用在了教学和科研上。

认真也是於崇文的一个重要特点。每一个科研项目他都亲自去做，自己写项目申请报告，中期汇报和项目结题也都是亲力亲为。2013年上半年，一个项目要结题，年近90的他亲自撰写结题报告，还专门从北京到武汉向评审组汇报工作。他主编的《地质系统的复杂性》和《矿床在混沌边缘分形生长》两部专著，也是一字一字亲手书写出来的，然后自己逐字逐句斟酌、校对。这种做学问的认真严谨感染了很多人。

张本仁院士与他共事多年，他这样评价於崇文：

> 认真严谨的学风是於崇文教授治学的一个突出特点。这表现于他在长期教学工作中认真负责，精益求精，虽是多次讲授过的课程，仍然每课必认真准备；表现于他在科学研究中十分重视第一手资料的可靠性，分析和讨论问题特别注意分寸，自己认为不成熟的东西总是不轻易发表，对已取得的成就总能看到不足之处和以后深入和完善的方向；更可贵的是还表现在一般不被重视的"生活小节"上，45年来他对应参加的会议和约会从来没有迟到或失约过。为了取得重要的第一手资料，他不顾自己年高和南方七八月份的炎热仍身先士卒地参加野外工作。1974年，在经费缺乏的困难条件下，为了使科研得到可靠的数据，他带领几个年轻教师利用一台陈旧的光谱摄谱仪，通过每个条件和每道程序的严格科学规定，加上他对测试结果的认真检查，竟得出了质量达近似定量的数据。这种认真严谨的作风是他不断探索开拓获得成功的重要保证，也是值得我们认真学习的东西。[①]

让学生们记忆深刻的还有於崇文的温文尔雅，和蔼可亲。他很少对学生发脾气，学生写的论文达不到要求，他没有很多的责怪和批评，而是非常耐心地讲解。他与学生相处融洽。鲍征宇记得，博士论文答辩会那天恰逢自己的生日，答辩完，於崇文把他叫到自己家里吃饭，还专门为他订了一个生日蛋糕。当时蛋糕很难买，还是於崇文夫人蒋耀淞老师亲自跑到外面定做的。

[①] 张本仁：探索、创新的旅程——庆贺於崇文教授从教四十五年。《地球科学》，1994年第3期，第281-282页。

图 9-2 1997 年，於崇文与研究生在武昌森林公园内畅谈

图 9-3 1990 年，鲍征宇（左 4）博士论文答辩会合影（左 3 为於崇文，左 2 为张本仁）

第九章 做一辈子老师

每当学生在科学征途上需要帮助和提携时，於崇文总是乐于相助，热情认真。学生们要申请科研基金，他认真起草推荐书。1999 年，他的学生参加在英国召开的国际矿床会议，於崇文逐字逐句帮他修改论文。2001 年，学生张德会在西宁主持召开西部矿产勘查中的应用地球化学会议，於崇文对张本仁院士说："这是张德会第一次主持全国会议，应该给予支持。"那次会议，於崇文、张本仁和谢学锦三位地球化学专业的院士齐齐到会，给会议的成功举办奠定了基础，并产生了良好的影响和效果。

1993 年考上於崇文博士生的邓吉牛回忆，当时有许多学生对於崇文的学识十分崇拜，但认为其理论太深奥，可能无法完成论文，所以不敢报考。邓吉牛自认为数理功底还可以，决定同於崇文见面谈一次话。见面后，邓吉牛表达了自己在地质找矿预测中的困惑，於崇文介绍了他的研究方向与内容，邓吉牛当即表示要报考於崇文的研究生。邓吉牛的研究方向是将物理化学流体力学原理引入成矿作用动力学，於崇文特意安排老师为其单独授课，例如，请清华大学的老师开设流体力学，请本校老师讲化学动力学，还让他学习了许多数学课程。这些对邓吉牛后来的学习提供了很大帮助。

於崇文的学生评价他是一个理想主义者，是一个愿意为了理想而脚踏实地去执行的人。他有对于学术的激情和执着，使学生们能够看到人生的价值和希望。他的存在就是一种力量，就像是一个强有力的后盾，让他的学生们能够充满力量，走得更远。

图 9-4　於崇文九十华诞庆典时在学生们为其写的祝愿语墙前

心系科技教育改革

建设创新型国家，科技是支撑，教育是基础，人才是关键。於崇文一直心系中国的教育体制改革，多次呼吁对大学体制进行改革。2011年10月，於崇文将其对教育体制改革的思考形成《关于中国地质大学（北京）"十二五"发展规划的几点意见》，并上报给校领导。於崇文推崇西南联大的管理模式，在建议稿中，他毫不避讳地指出，教育应该实行从"以行政为主导"改变为"以学术为主导"的体制改革，提出"党委领导下的校长负责制"，恢复"校务委员会"，新成立"教授会"，负责研究教学和科学研究的规划和发展，体现以学术为主导的大方向。同时提出大学应该提倡和发扬学术自由精神，将基础研究放在突出地位。

於崇文借鉴西南联大的教育模式，主张"通才教育"。他曾经在一次对话青年教师的座谈会上说："要敢于打破旧的办学模式，克服过去学科比较单一、交叉渗透差等带来的所学太专、过窄等困难。"他认为，"知识面不宽，这不是学校所希望的，对发展不利。""既然有不足，就要往前看，要看清现代地球科学发展的新动向，要充分认识到地学与许多相关学科的关系。"他希望青年人才要打好基础，要有很强的基本功，包括外语、计算机、野外实际工作能力、实验操作等。

於崇文敢于直言，在提意见时不喜欢说一些场面话，而是经过研究思考得到的比较系统的想法。尽管很多建议并没有被采纳，但他仍然一如既往地坚持自己的思考。

> 比如高等教育改革这个问题，我觉得现在高等教育泛行政化，这个问题从根本上讲涉及政治改革的问题，我们在资深院士报告中已经谈到比较深的地方了。办学要有自主权，当然我们国家的教育制度是党领导下的校长负责制度，我认为应该把权放下去。[①]

---

① 於崇文访谈，2013年12月6日，北京。资料存于采集工程数据库。

在於崇文多年的求索旅程中,闪耀着坚持真理的无畏精神。在过去"左"的思潮占统治的时代里,他的基础理论研究方向往往被误解为理论脱离实际,周围人也多持怀疑和不理解态度,对他的研究形成了沉重的无形政治压力。然而,於崇文坚信自己的研究是有益于国家和人民的,而毫不动摇地坚持了下来。

我心里留下的一个问题,就是我们的管理如果能再好一点,哪怕是一个小的自由的环境,比如学校,我都心满意足。我把意见都给了北京和武汉两边的大学了,不管你最后采纳不采纳,我都要把问题提出来。[1]

关于教育改革和人才培养问题,於崇文不止一次地上书建议。从这一点来看,於崇文不仅是一个业务上的好教师,还是一个关心国家社会发展的人。

上下求索锲而不舍

於崇文用屈原《离骚》中的名句"路漫漫其修远兮,吾将上下而求索"作为座右铭,时时鞭策自己。他用16个字总结自己大半生的学习和工作:"学习思考,锲而不舍;探索创新,攀登不息"。

於崇文曾以"吾将上下而求索"为题,将大半生的体会分享给青年学生:一要奠定科技与人文素质的良好基础。二要确立正确的人生观和价值观,要爱国奉献,加强道德修养。三要独立思考,锲而不舍。进行现代科学研究要求独立思考,多学科理论和方法的交叉和融合;只有通过多学科大量知识的集成、整合和反复凝练,才能走上创新之路。四要自由探索,攀登不息。科学研究要想有所发展、有所创新,既要自由探

---

[1] 於崇文访谈,2013年12月6日,北京。资料存于采集工程数据库。

索，又要求真唯实，还必须排除万难，攀登不息。於崇文是这样说的，更是这样做的。

图 9-5　於崇文在武汉磨山《离骚》碑前

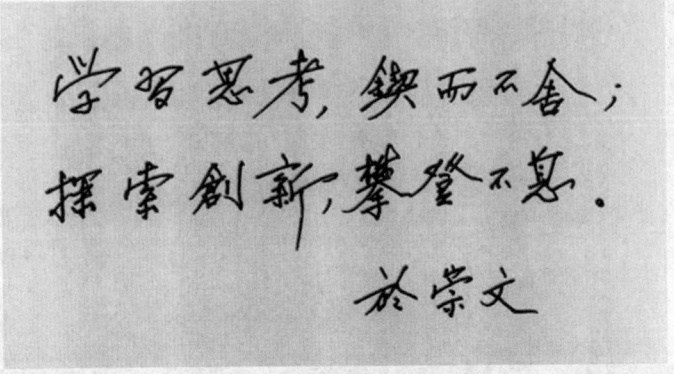

图 9-6　於崇文手书"学习思考，锲而不舍；探索创新，攀登不息"

於崇文总是身体力行，80多岁的时候还坚持到野外矿区实地考察。野外考察时，他从来不遥控指挥，而是和其他人一起下到矿井里。在安徽铜陵，他曾下到800米深的矿井。因为太热，井下的工人光着膀子，於崇文也浑身是汗，但他仍然坚持到考察完成。

　　於崇文酷爱读书，经常去国家图书馆阅读专业相关的书籍资料，碰到重要的就会抄写或者复印下来。最初，他骑自行车往返，后来年纪大了，就改坐公交车。从国家图书馆到他的住所有十几站地，来回差不多要花费一个小时，将近90岁的年纪，家人和学生都很担心他的身体，反复叮嘱他打车，他最终听取了意见。不过有时候因为打不到车，他就和其他人一样挤公交车。

　　2010年夏天突如其来的一场病，让於崇文听到了来自身体的警报。他有些忧虑，不是为了自己的健康，而是为了自己尚未完成的研究。夫人蒋耀淞常问他："你怎么什么事情都要自己一个人做？"他总是笑笑不作回答。

图9-7　2005年8月，於崇文（左2）在广西栗木矿井中考察

很多地质学同行都去"找矿"了，於崇文却将自己的一生潜心于地质学的基础理论研究，并先后开辟出 5 个创新的学术领域。越接近暮年，於崇文越感觉时间不够用，常常有一种难以言表的苦楚：自己一辈子开辟出来的学术领域，却难以找到一个适当的接班人。

> 有时候，我开玩笑说自己生不逢时，如果再晚多少年的话，就可以发挥更大的作用了。①

在少有人喝彩的舞台上，於崇文自顾自地求索着，从没有在意过鲜花和掌声。他只希望付出毕生心血研究的基础地质科学能够后继有人，得到更好的发展，为国家、为人类的地质事业作出更多的贡献。

> 我现在觉得有一点遗憾，因为我自己培养出来的人，没有能够跟我一直走下来的，缺少一个接班人。我为我们国家的地质科学探索了多个研究领域，而且不一定晚于外国人，甚至可以说某些方面还是走在前面的。这些工作应该继续做下去的，但是没有人做。
> 经过这么长时间的摸索，忽然就断了。我后面的工作怎么办？尽管现在不是那么理想，但是也不能散了。虽然我的身体还可以，但是再让我拿出这么大的力量，已经跟不上了。现在有些想法还是可以提出来，但起码也得有一个人能够汇总一下。所以我找来了鲍征宇，就是我的老学生，我只能难为他。我说，我不能像以前那样做了，你得帮我。②

在於崇文心中，还有许多关于地质科学的思考没有获得印证，还有许多有关复杂性的设想没有实现，还有多个探索开辟的研究领域无人接棒，他多么希望能有更多的人愿意从事地质科学理论研究，为基础地质科学留下更多。

---

① 於崇文访谈，2013 年 12 月 6 日，北京。资料存于采集工程数据库。
② 同①。

结 语

著名地质学家王鸿祯院士曾经这样评价於崇文:"学欲有序、由专达博、思本无涯、乃重在实"。这可谓於崇文一生学术追求的真实写照。在70年的教学和研究工作中,於崇文辛勤耕耘,用中国人特有的聪明才智和锲而不舍、顽强拼搏的精神,攻克了一座座堡垒,取得了显著成绩。

总结於崇文的学术成长经历,具有以下四个特点。

一是西式的启蒙教育和自由的家庭环境

20世纪30年代的上海是我国当时东西方经济交流互融的前沿,东西方文化互相传播渗透,封建思想与进步思潮激烈碰撞。於崇文出生并成长在这样一个中西交汇的环境,形成了他广阔的视野和自立于世的人生态度,对其以后的人生道路以及学术成长产生了直接影响。

於崇文先后在华童公学、沪东公社附设小学、澄衷中小学读书,后来又入读南洋中学。这些学校有一个共同特点,就是明显的西方教育模式。这使他在中小学期间打下了扎实的基础知识,养成了良好的学习和生活习惯。西式启蒙教育对于他的成长具有不可忽视的重要作用。

高中毕业后,他进入西南联大读书。西南联大名师云集,有着兼容并包、学术自由的浓厚氛围,实行"通识教育",帮助学生确立会通性的知识逻辑和解构,培养多维度的思考路径。

纵观於崇文的求学道路,他所就读的学校几乎都是名校,特别是受到了比较正规的中小学教育。在当时那个时代背景下,这是较为难得的。

除了西式的教育环境，宽松的家庭环境也是重要一环。在动乱年代，一个温馨安逸的家庭环境，对於崇文的性格、习惯、兴趣、爱好、行为等具有积极影响。

二是潜心七十年教学的实践基础

教学是科学研究的基础和前提，科学研究是教学基础上的提高和发展。教学之水积得愈厚，研究就愈加有力。可以说，於崇文潜心教坛七十余年，是他学术研究取得成功的主要原因之一。

1950年，从北京大学毕业后，於崇文从助教做起，辅助教授讲课，指导学生实习。两年后转至北京地质学院，仍是助教的他独立开设了矿物学与结晶学两门课程。1955年又在北京地质学院首次独立开设地球化学课程，是继涂光炽后成为国内第二个开设该课程的教师。此后，又讲授过矿床学、多元素统计分析等课程。至20世纪80年代，已教课近30年。对于教学的受益，於崇文深有体会。

> 我前面一段时间教学搞得比较多，现在看起来确实是应该这样做。因为教学要自己懂得多，等于是用学习把自己武装起来，这个是非常必要的。再一个，表述能力也很重要，你教的东西学生要能听懂，这个实际上对写论文也是非常需要的。所以，后来我觉得这么些年实际上是在打基础。①

虽然是在讲课，但同时也是在学习。於崇文讲课几十年，内容并不是一成不变，而是在不断更新变化，这也促使他不断关注学术前沿，汲取最新知识。

此外，於崇文说他一生从未做过官，仅仅做过一小段时间的教研室副主任，可以说是一介布衣。1949年后的历次政治运动，"不问政治""纯技术观"都是批判他的由头，而恰恰是这两点态度使他心无旁骛、潜心教研。

---

① 於崇文访谈，2013年5月24日，北京。资料存于采集工程数据库。

三是积极关注国际国内学术前沿动态

於崇文具有良好的英文、俄文和德文等外文基础，特别是英文和俄文，能够熟练阅读并翻译专业学术文献，这为他获取国际学术研究动态奠定了基础。在研究与教学过程中，於崇文关注国际研究进展，了解前沿知识，借鉴最新的理论方法。

20世纪50年代，於崇文在学习俄语的过程中，特别留意国外学者在地球化学领域的最新研究成果，并翻译了大量俄文专业文献，对于他在国内较早开展地球化学课程教学与研究提供了较大帮助。70年代初，他敏锐地注意到应用数学中多元分析研究的兴起和计算机的广泛应用，较早地在我国系统全面的引进了数学地质的理论与方法，大大推进了多元统计分析在地球化学界的广泛应用。70年代末，他在我国率先应用耗散结构理论于地质科学，提出了"成矿作用与时－空结构"等一整套区域地球化学的理论与方法，开辟了地球化学学科发展的新方向。80年代末至90年代初，复杂性科学的研究刚刚在国内外兴起时，於崇文又一次敏锐地将复杂性理论引进地质学，提出了地质系统的复杂性和成矿系统的复杂性等理论，再次开拓了地球科学一个新的研究方向。

於崇文的学术成就主要在于探索并开拓了五个研究领域，而这五个研究领域多数都是紧跟国际前沿的脚步，在国内率先开展相关研究工作。因此可以说，一直保持着对科研的初心与热情，积极关注国际国内学术前沿动态是於崇文取得学术成功的一大捷径。

四是将基础自然科学与地质科学结合起来的坚持

曾任中国地质大学校长的翟裕生院士与於崇文相识近七十年，同事也有六十余年，在於崇文九十华诞暨从事地质工作七十年的庆典活动上，他评价於崇文是一名"满怀爱国热情科教强国的实践者，锲而不舍终生潜心钻研的探索者，艰苦朴素求真务实学风的倡导者，将基础科学与地学相融合的开拓者"。其中，於崇文最认同的是"将基础科学与地学相融合的开拓者"。

> 满怀爱国热情科教强国的实践者
> 锲而不舍终生潜心钻研的探索者
> 艰苦朴素求真务实学风的倡导者
> 将基础科学与地学相融合的开拓者
> 敬贺於崇文先生九十华诞
> 祝您和耀淞同志健康愉快
> 陈华慧、翟裕生谨贺 二〇一三十一·三日

结语-1　翟裕生夫妇敬贺於崇文九十华诞时对其评价

　　纵观於崇文的学术生涯,他毕其一生功力做的一件事就是将化学、数学、物理学和复杂性科学与地质科学相结合,促进地质科学向着精确科学发展。从20世纪70年代提出"地质作用与时-空结构是一切地质现象的本质与核心"自然哲学理念,出版《数学地质的方法与应用:地质与化探工作中的多元分析》专著。到80年代,基于耗散结构理论提出"区域地球化学理论",出版《南岭地区区域地球化学》。从20世纪90年代将"成矿作用非线性动力学"引入矿床成因和成矿规律研究领域,开辟"成矿作用动力学"学术方向,出版了三部"成矿作用动力学"专著;到本世纪初,耄耋高龄出版《地质系统的复杂性》和《矿床在混沌边缘分形生长》两部鸿篇巨制以及《南岭地区区域成矿分带性——复杂成矿系统中的时-空同步化》专著。这些著作记录了於崇文近70年的不断将基础科学与地学相融合探索路程。

　　对地质科学的不懈探索是於崇文坚定向前的动力。於崇文治学可以概括为"上下求索、锲而不舍、勇于创新、攀登不息"。这16个字既体现出他对自己的一句简单评价"我没有偷懒",也是他一生坚守学术探索并取得重要成功的根本原因。

结　语　*155*

附录一　於崇文年表

1924年

2月15日，出生于上海市虹口区杨树浦路。

1930年

进入聂中丞华童公学，读小学一年级，接受英式教育。

1931年

转入沪东公社附小，读小学二年级。

1932年

12月，上海"一·二八"事变爆发，跟随家人回镇海老家避难。

1934年

9月，转入澄衷中小学，重读小学四年级。

1937年

9月，升入澄衷中小学初中部。

1940年
9月，进入南洋中学，读高中一年级。

1943年
7月，从南洋中学高中毕业。
在湖南零陵耐火砖厂做耐火黏土成分分析。工作期间，适逢北京大学地质系的早期毕业生、在湖南地质调查所工作的靳凤桐先生到该厂勘查耐火黏土资源，便跟随勘查，从此播下地质学的种子。

1944年
7月，到重庆参加大学招生考试，被国立西南联合大学机械工程系录取。
12月，在西南联大报名参加"青年远征军"，后因身体不好未去。

1945年
3月，因患伤寒休学。病好后，为弥补生活开支，进入清华服务社锯木厂打工，负责接待美军各机构派来的军人。
8月，结束打工生活，转入西南联大地质地理气象系地质组学习。
12月4日，参加学生罢课游行活动，担任宣传队纠察。

1946年
5月4日，西南联合大学宣告解散，转入北京大学地质系。

1947年
7月，因学年平均分不及格而留级，重读大学二年级。

1949年
撰写的《辽东省清源县附近地质矿产调查报告》获得1949年度中国地质学会学生奖学金。
加入中苏友好协会。

1950年

2月5日，经宋国荣介绍加入中国新民主主义青年团。

6月，毕业于北京大学地质系。留任地质系矿物学教研室助教，负责普通地质学及普通矿物学实习。

10月，由杨起、王大纯介绍，加入教育公会，后曾任地质系小组文教干事。

10月底，为支持抗美援朝，拥护各党派联合宣言，在北京大学教职员联合签名上书毛主席活动中签名。

1951年

1月，北京大学理、工两学院全体教师签名发表声明，响应中华全国自然科学专门学会联合会、中华全国科学技术普及协会的号召，表示要贡献一切力量，为国防建设工作服务。在声明上签名。

加入中国地质学会和中国古生物学会。

1952年

参加忠诚老实运动。

作为优秀青年教师参加全国留苏预备生选拔，但政治审核未通过。

11月，教育部在全国范围内进行院系调整，北京大学地质学系、清华大学地学系地质组、天津大学（原北洋大学）地质工程系、唐山铁道学院采矿系地质组以及西北大学地质系合并成立北京地质学院。转至北京地质学院矿物结晶教研室，讲授矿物学与结晶学两门课程。

1953年

12月，晋升为讲师。

1955年

7月，苏联基辅大学专家拉德什来北京地质学院讲授地球化学课程及指导研究生，辅助其教学。之后在北京地质学院首次独立开设地球化学课程，是国内高等学校第二个开设该课程的人。

1956年

因学习苏联和"向科学进军"受到表扬。

1957年

在"红专辩论"中因"走白专道路"和"知识资本论"而受到批判。
与蒋耀淞结婚。

1958年

5月，在全国"拔白旗、插红旗"运动中被"拔白旗"。
6月，参加由北京地质学院组织的"找矿大队"，奔赴青海省进行普查找矿。
12月，在青海东部湟源县进行铁矿考察。
女儿於群出生。

1959年

指导完成科研报告《湘赣闽浙四省区域地球化学特征》。
参加北京地质学院第五届科学讨论会，与张炳熹、翟裕生等合著论文《湘赣闽浙四省内生金属矿床分布规律的初步分析》，被收入1959年北京地质学院第五届科学讨论会论文集。

1960年

5月，在北京地质学院参与筹建地球化学及地球化学探矿教研室。

1961年

开始培养第一批地球化学专业研究生。

1962年

10月，与曹添、张本仁等共同编写的高等学校教材试用本《地球化学》由中国工业出版社出版。

1963年

11月25日—12月2日，在北京第一届全国矿物岩石地球化学学术会议上宣读论文《双交代矽卡岩形成的不可逆过程热力学研究》，在国际上首次提出了运用不可逆过程热力学于地球化学的新观点和新方法。

1964年

2月29日，担任地球化学教研室副主任。

1965年

10月13日，在陕西永乐店参加地质部西北"四清"工作团，分至331工作队。

1966年

3月20日，结束西北"四清"工作团工作。

3月23日，在陕西高陵参加八省化探人员座谈会，讨论吴承烈起草的《金属量测量、水系金属量测量技术参考手册》。

1969年

11月15日，全家被下放至江西省峡江县仁和镇龙陂村干校参加劳动。

1971年

5月初—11月中旬，被抽调至福建教改小分队，在工人学员地质训练班任教。其间，在闽南地区主要矿山进行地质调查和考察，并搜集实际资料，结合理论整理编写成结合闽南矿床实际的矿床学教材。

1972年

5月，随北京地质学院"五七"干校迁至湖北沙洋县。

6月，参加国家计委地质局科技组在地质科学院召开的化探专家座谈会。

10月，冶金部在广西桂林举办地球化学探矿学习班，被聘为授课教师。

1973年

1月，冶金部地球化学探矿学习班结束，返回北京。

1975年

与张本仁等合著《陕西略阳煎茶岭超基性岩镍矿床的地球化学特征及地球化学找矿方法》。

8月23日—12月30日，冶金部地质司在保定举办第二期电算学习班，被邀请为学习班授课，并编写讲义《多元统计分析》。

1976年

5月，组织上对其在西南联大期间，在清华服务社锯木厂打工的情况及是否参加"青年远征军"等问题作了结论：其历史审查清楚，予以结论。

1978年

7月，晋升为副教授。

10月18日，在贵阳参加中国矿物岩石地球化学学会成立大会，加入中国矿物岩石地球化学学会，会上宣读论文《随机场和随机过程理论在地球化学研究中的意义》。

1979年

8月，主编的教材《地球化学》由地质出版社出版。

1980年

4月，参加在德国汉诺威举办的第八届国际勘查地球化学学术讨论会，在会上宣读论文《江西德兴斑岩铜矿床成矿成晕机理及其地球化学勘查的初步研究》。

4月，著作《数学地质的方法与应用：地质与化探工作中的多元分析》由冶金工业出版社出版，是勘查地球化学中的第一本数理统计专著。

5月21—30日，参加在杭州召开的第一届全国勘查地球化学学术讨论会暨勘查地球化学专业委员会成立大会，在会上被选为中国地质学会勘查地球化学专委会委员。

8月，在武汉地质学院晋升为教授。

9月，地质部成立高等地质院校教材编审委员会，担任《地球化学》教材编审委员会主任。

1981年

6月12—17日，在湖北宜昌参加国家重点科研项目"南岭地区有色、稀有金属矿床的控矿条件、成矿机理、分布规律及成矿预测研究"（简称"南岭项目"）第一次工作协调会。

6月，被评为湖北省先进科研工作者，所在的武汉地质学院找矿勘探教研室数学地质组被评为湖北省先进科研集体。

9月10日，被武汉地质学院推荐为南岭项目协调领导小组成员，并担任项目二级专题"南岭地区区域地球化学"的总负责人。

12月25—30日，在贵阳参加全国层控矿床地球化学学术会议，会上正式成立了中国矿物岩石地球化学学会元素地球化学区域地球化学矿床地球化学委员会。

12月，论文《江西德兴铜厂斑岩铜矿床的成矿成晕机理及其地球化学勘查的初步研究》发表在《地球科学》上。

被评为湖北省高等学校科学研究作出显著成绩者。

1982年

5月13—20日，在北京参加南岭项目第二次工作协调会。25日，完成专题研究方案《南岭区域地球化学专题研究设计书》。

10月11—17日，在昆明参加由中国地质学会勘查地球化学专业委员会举办的第二届全国勘查地球化学学术讨论会。

11月9日，在武汉地质学院第十届科学报告会作《成矿作用与时空结构》学术报告，以系统科学中的耗散结构理论为基础，首次提出了"成矿作用与时－空结构"的理论观点。

1983年

11月24日，在中国矿物岩石地球化学学会年会上被选任中国矿物岩石地球化学学会第二届理事会理事。

1984年

1月13日，武汉地质学院设立了地球化学博士学位授权点，任博士生导师。

10月4—10日，在烟台参加全国勘查地球化学找金学术会议。

1985年

1月31日，南岭项目通过国家评审。

"广东—六地区区域地球化学研究"项目获1985年度地质矿产部科研成果二等奖。

1986年

8月，论文《地球化学的理论体系与方法论》发表在《地球科学》第4期。

12月1日，参加中国地质大学（武汉）举行的第一届全国区域地球化学学术讨论会，并作题为《南岭地区区域地球化学》的报告。

任全国地球化学专业课程教学指导委员会主任。

1987年

7月,《广东—六地区区域地球化学研究》由地质出版社出版。

10月22—26日,在桂林参加东南亚及西太平洋地区锡钨花岗岩对比和资源评价(IGCP-220项目)第四次国际学术讨论会,并作报告。

11月,《南岭地区区域地球化学》由地质出版社出版。

1988年

4月,主编的《云南个旧锡-多金属成矿区内生成矿作用的动力学体系》由中国地质大学出版社出版。

6月,参加在美国洛杉矶加利福尼亚大学圣巴巴拉分校召开的地球化学自组织国际学术讨论会,其间,对圣巴巴拉进行地质考察,并到加利福尼亚州考察地震断层。

7月,"南岭地区钨铅锌等有色稀有金属矿床的控矿条件、物质成份,分布规律"获得国家科学技术进步奖二等奖,"南岭地区区域地球化学"获地质矿产部科研成果一等奖。

10月22日,出席中国矿物岩石地球化学学会第三次全国会员代表大会暨第四届学术年会,被选为中国矿物岩石地球化学学会第三届理事会常务理事。

1989年

6月,论文《地球化学动力学体系》发表在《现代地质》第三期,论文以地球化学作用与其时-空结构的统一性为指导思想,将地质区域和各种地质体视为动力学体系,应用耗散结构理论,通过对云南个旧锡-多金属成矿区的研究,讨论地球化学动力学体系的建立。

10月31日,参加在贵阳中国科学院地球化学研究所召开的全国第二届构造地球化学学术讨论会,并作学术报告。

1990年

3月,在《地质学报》第3期上发表论文《云南个旧成矿区锡石-硫化物矿床原生金属分带形成的动力学机制》，采用动力学方法，利用计算机技术对该分带进行数值模拟，指出矿床分带可能是由于多次矿化活动间歇、脉动式地相继发生而产生的。

主编的《云南个旧锡－多金属成矿区内生成矿作用的动力学体系》获得第五届全国优秀科技图书二等奖，地质矿产部科研成果二等奖，1989年度（1986—1988）中南地区大学出版社学术专著奖一等奖。

11月2—6日，在武汉参加第四届全国勘查地球化学学术讨论会，并作学术报告。

12月，获得国家教育委员会颁发的荣誉证书。

1991年

1月25—28日，参加中国科学院在北京召开的复杂性科学研讨会，作《成矿规律》报告，受此次会议影响，开始转向地质系统复杂性研究。

7月，因在高等教育事业作出的突出贡献，开始享受国务院颁发的政府特殊津贴。

10月，获第二届李四光地质科学奖。

1992年

论文《成矿作用与耗散结构》获中国地质学会颁发的《地质学报》1982—1992年优秀论文奖。

1993年

9月4—6日，参加在北京召开的第16届国际化探大会，这是该项会议第一次在亚洲召开。

12月，主编的《热液成矿作用动力学》由中国地质大学出版社出版。

1994年

主讲的地球化学被湖北省教委评为优质课程。

6月，论文《地球化学系统的复杂性探索》发表在《地球科学》第3

期，提出地球化学系统是一种复杂系统，非平衡和非线性是导致复杂性的根源，探索复杂性就是要研究事物在非平衡条件下的非线性动力学行为。

8月2日，出席中国矿物岩石地球化学学会第四次全国会员代表大会暨第五届学术年会，被选为中国矿物岩石地球化学学会第四届常务理事。

1995年

10月，当选为中国科学院院士。

1996年

8月4日，在北京人民大会堂参加第三十届国际地质大会。

12月5—6日，在中国地质大学（北京）参加庆祝王鸿祯院士八十华诞"地球历史的节律"学术研讨会。

1997年

3月25—28日，参加香山科学会议第69次学术讨论会，作《成矿作用过程中的非线性与复杂性问题》的报告。

5月23日，获得首批华夏英才基金资助。

7月25日，在北京参加中国科学院院士会议。

10月，与杨遵仪、郝诒纯等共同签署院士建议《关于制订珍稀古生物化石保护法加强研究工作协调及对外合作管理的紧急呼吁》。

10月28日，同杨叔子、熊有伦、沈韫芬、查全性、杨弘远、殷鸿福、潘镜芙等7位院士考察了武汉经济技术开发区的神龙汽车有限公司，提出"科技的使用和科学的管理对企业至关重要""科技必须走与经济相结合的道路"。

主讲的地球化学课程被湖北省教委评为优质课程。

《热液成矿作用动力学》获1997年度地质矿产部科研成果二等奖。

1998年

5月，出席参加北京大学百年校庆庆典活动。

6月,《成矿作用动力学》作为地质矿产部"八五"基础地质研究项目"岩浆期后成矿作用动力学"的成果,由地质出版社出版。

1999年

3月,论文《大型矿床和成矿区(带)在混沌边缘》在《地学前缘》上发表,将复杂性科学和矿床地质学相结合提出了一种新的金属成矿理论——金属成矿动力系统的复杂性与自组织临界性,并应用这一理论研究扬子古陆周缘四大成矿区带的矿床成因与成矿规律,发现"大型矿床和成矿区带在混沌边缘"。

8月,到英国英格兰进行地质考察。

9月9—11日,参加在中国地质大学(北京)举行的新中国地质科学50年回顾与展望学术讨论会并作报告。

2000年

3月,论文《地质作用的自组织临界过程动力学——地质系统在混沌边缘分形生长》在《地学前缘》上发表。

11月14日,在中国地质大学(北京)以《地质系统的复杂性》为题,讲授地球化学选修课程的第一课"全球变化与可持续发展"。

2001年

1月13日,在北京参加"宁波《院士情怀》大型画册"首发式。

12月14—15日,在北京参加东天山铜金多金属矿床成矿过程和成矿动力学及找矿预测新技术新方法会议。

2002年

地球化学被湖北省教委评为优质课程,地球化学学科被评为国家重点学科。

1月13日,出席参加在北京举行的《地苑赤子:中国地质大学院士传略》图书首发式。

6月12—13日，参加中国地质大学（北京）举行的"创新思维与地球科学前沿问题"学术研讨会。

8月1日，在西安参加第七届全国矿床会议暨庆祝中国地质学会成立八十周年会议。

8月6—7日，在上海参加国际复杂性科学学术研讨会，并作《成矿动力系统在混沌边缘分形生长》报告。

10月18日，参加中国地质大学（武汉）五十周年校庆。

12月2—3日，在海口参加全国第三届火山学术讨论会。

2003年

地球化学课程被列为国家地质理科基地建设品牌课程，湖北省精品课程。

6月，"成矿作用动力学"获得国土资源科学技术奖二等奖。

7月4日，与杨遵仪、赵鹏大等院士提出《关于加强内蒙古自治区地质勘查工作的建议》。

9月23日，参加中国矿物岩石地球化学学会第六次全国会员代表大会。

10月15—16日，参加全国地学哲学委员会成立二十周年纪念及学术会议，作关于科研创新和教育创新的发言。

12月6—8日，在台湾参加第五届海峡两岸资源地质与环境地化研讨会。

12月，主编的《地质系统复杂性》由地质出版社出版。提出了地质科学的复杂性理论——"地质作用的自组织临界过程动力学：地质系统在混沌边缘分形生长"和相应的方法论，得出地质现象的本质与核心是地质作用与时－空结构的重要观点。

2004年

3月6日，"於崇文院士八十华诞暨从事地质工作六十周年庆祝会"在中国地质大学（武汉）举办。

3月6—7日，在武汉参加固体地球系统复杂性与地质过程动力学研讨会，并作《地质系统复杂性》报告。

3月14日，在中国科学院武汉教育基地为研究生作《院士谈人生》报告。

3月25日，"於崇文院士八十华诞暨从事地质工作六十周年庆祝会"及《地质系统的复杂性》首发式在中国地质大学（北京）举行。

7月，在呼伦贝尔参加会议，提出创建大兴安岭（呼伦贝尔）能源有色（贵）金属资源基地倡议。

9月2—3日，在西宁参加"西部矿产勘查开发中的应用地球化学学术讨论会"，并作《成矿动力系统在混沌边缘分形生长》学术报告。

11月18—19日，在长沙参加第一届全国应用地球化学学术研讨会暨湖南矿物岩石地球化学学会学术年会，并作学术报告。

2005年

4月9日，在武汉参加中国地质大学（武汉）地球科学学院建院十周年庆典活动。

4月25—29日，在武汉出席参加中国矿物岩石地球化学学会第十届学术年会，并作"成矿系统的复杂性矿床在混沌边缘分形生长"学术报告。

4月29日，在北京香山饭店参加"两院资深院士联谊会成立大会"，并被选为理事会成员。会议讨论通过了《资深院士联谊会章程》并投票选举出了资深院士联谊会理事会成员，师昌绪任理事会会长，卢良恕任副理事长，其他七位理事分别为王绶琯、徐光宪、张树政、柯俊、梁思礼、张金哲和童志鹏。

5月4日，为纪念郭中元博士题词："献身科学、造福人类、流芳万世"。

6月，《成矿系统复杂性》由安徽教育科技出版社出版。

9月8日，在桂林理工大学作《湖南郴州柿竹园超大型钨——多金属矿床的成矿复杂性研究》学术报告。

9月15日，在西南科技大学参加2005年全国矿物科学与工程学术研讨会。

9月，在南岭地区矿山野外实地考察17天。

9月18—21日，在绵阳参加2005年全国矿物科学与工程学术会议，并作报告。

2006年

3月，在广州主持评审"广东省珠江三角洲经济区区域生态地球化学调查项目设计书"项目。

4月15日，参加"两院院士与中学生面对面"的活动。

6月5—9日，参加在北京举行的中国科学院第十三次院士大会、中国工程院第八次院士大会。

7月，负责江西省全南县大吉山钨矿山野外工作带队工作。这是中国地调局下达的"全国危机矿山接替资源找矿项目"的2006年度任务。

11月1—4日，参加在江西南昌举办的"华东六省一市地学科技论坛"，并作大会学术报告。

11月27日，在南昌参加第八届全国矿床会议，并作《复杂成矿系统中的时－空同步化与南岭地区区域成矿分带》学术报告。

12月，《矿床在混沌边缘分形生长》由安徽教育出版社出版。

12月22日，主持"内蒙古自治区区域成矿规律及重要矿产成矿预测地球化学综合研究"评审验收会。

12月23日，获得湖北省归国华侨联合会《湖北省侨联梁亮胜侨界科技奖励基金》第七次奖励二等奖。

2007年

5月28日，出席青海大学成立地质工程系的支援大会，并作学术报告。

8月1日，在宜昌地质调查中心进行学术讲座，主要课题是"复杂成矿系统中时－空同步化与南岭地区区域的成矿分带"。

《矿床在混沌边缘分形生长》获第一届中国出版政府奖图书奖提名奖。

8月，参加在青岛举行的两院资深院士联谊会"新时期科技体制改革问题咨询研讨会"。

9月26—28日，参加在合肥召开的全国深部找矿工作研讨会，并作学术报告。

12月8日，参加"内生金属矿床成矿机制研究国家重点实验室、地质过程与矿产资源国家重点实验室2007年学术委员会年会"。

2008年

6月10日，在宁波参加镇海籍院士风采馆开馆仪式。

10月26日，参加在中国地质大学（武汉）召开的"深部找矿理论及关键技术研讨会"，作《复杂成矿系统中的时－空同步化与南岭地区的区域成矿分布》报告。

2009年

2月，在北京参加全国矿产资源类国家重点实验室学术研讨会。

3月，在北京出席中国科学院、中国工程院资深院士联谊会理事会会议。

5月2日，北京大学地质学系建系100周年庆典大会在北京举行，作为北京大学地质学系系友代表出席庆典大会。

5月，在成都参加"治理沙地、发展沙产业和草地农业学术研讨会"。

9月14日，在中国地质大学地球物理与空间信息学院就南岭地区深部找矿与青年教师进行探讨交流。

10月，在北京参加地质学史学术研讨会。

10月20日，参加在中国地质大学（北京）召开的"中国地质事业百年回顾"暨地质学史专业委员会第21届学术年会讨论会，并作《地质成矿系统的复杂性》报告。

10月25—28日，参加在中国地质大学（北京）召开的以"青年地球科学家为社会服务"为主题的首届世界青年地球科学家大会。

12月，在深圳参加资深院士活动"三农问题专题研讨会"。

2010年

1月30日，在北京参加"青海省多目标区域地球化学调查报告评审会"。

3月29日，在北京参加两院资深院士咨询项目工作"三农问题总报告讨论"。

5月15日，在北京参加地球化学专业成立五十周年暨学科建设研讨会。

5月17日，在北京参加两院资深院士活动"院士科学道德与学风建设研究"。

7月18—21日，在满洲里参加两院资深院士活动"向中央决策层提交关于解决我国'三农'问题的三点建议"。

10月14日，在北京参加两院资深院士活动"我国创新型人才培养的问题与对策研究"项目启动会。

2011年

3月24日，在深圳大学师范学院附属中学与数百名中学生座谈。

5月25日，参加在中国地质大学（北京）举行的"赵鹏大院士八十华诞暨从事地质工作六十年庆祝会"。

9月6—7日，在南京参加"南岭地区花岗岩与成矿学术研讨会"。

10月27—28日，在北京参加"地质找矿认识论方法论学术研讨会"，并作学术报告。

11月12日，在深圳参加两院资深院士联谊会理事会议。

12月17—18日，在北京参加"全国覆盖区矿产综合预测暨地学信息学术研讨会"。

2012年

3月，联名向中央提交关于解决"三农"问题的建议。

8月5—11日，参加在哈尔滨和齐齐哈尔举办的两院资深院士联谊会理事会扩大会议，会议期间参与改进完善院士制度座谈会，针对院士增选渠道、院士待遇、院士退休等问题，提出了意见和建议。

10月，中国科学技术协会"老科学家学术成长资料采集工程"启动於崇文院士学术成长资料采集项目。

2013年

3月8日，应邀到广西地质矿产勘查开发局进行学术讲座。

11月3日、16日，"於崇文九十华诞暨从事地质工作七十年庆典活动"在北京、武汉分别举办，出席并作学术报告。

12月19—21日，在北京参加两院资深院士联谊会。

2022年

6月12日，于北京逝世，享年98岁。

附录二　於崇文主要论著目录

[1] 曹添，於崇文，张本仁. 地球化学 [M]. 北京：中国工业出版社，1962.

[2] 於崇文. 数学地质的方法与应用：地质与化探工作中的多元分析 [M]. 北京：冶金工业出版社，1980.

[3] 於崇文. 广东—六地区区域地球化学研究 [M]. 北京：地质出版社，1987.

[4] 於崇文. 南岭地区区域地球化学 [M]. 北京：地质出版社，1987.

[5] 於崇文，唐元骏，石平方，等. 云南个旧锡－多金属成矿区内生成矿作用的动力学体系 [M]. 武汉：中国地质大学出版社，1988.

[6] 於崇文，岑况，鲍征宇，等. 热液成矿作用动力学 [M]. 武汉：中国地质大学出版社，1993.

[7] 於崇文，岑况，鲍征宇，等. 成矿作用动力学 [M]. 北京：地质出版社，1998.

[8] 於崇文. 地质系统的复杂性 [M]. 北京：地质出版社，2003.

[9] 於崇文. 矿床在混沌边缘分形生长 [M]. 合肥：安徽教育出版社，2006.

[10] 於崇文. 南岭地区区域成矿分带性——复杂成矿系统中的时－空同

步化［M］．北京：地质出版社，2009．

［11］於崇文，刘天佑，刘永顺．南岭地区目标斑图式区域成矿分带：南岭花岗岩带与南岭成矿带—华南中地壳原地重熔巨型自孤子［M］．北京：地质出版社，2015．

［12］鲍征宇，於崇文．广东韶关地区区域地球化学研究［J］．地球科学，1986（1）：32．

［13］石平方，於崇文，孙作为．云南个旧锡－多金属成矿区硫化物－碳酸盐阶段成矿作用的地球化学研究［J］．地球科学．1986（2）：152-166．

［14］石平方，於崇文，孙作为．化学动力学在地球化学中的某些应用［J］．地球科学，1986（4）：341-349．

［15］於崇文．地球化学的理论体系与方法论［J］．地球科学．1986（4）：331-339．

［16］於崇文．南岭地区区域地球化学［J］．矿物岩石地球化学通讯，1987（3）：124-125．

［17］唐元骏，殷庆和，於崇文．地层地球化学研究的思想和方法［J］．矿物岩石地球化学通讯，1987（3）：126-128．

［18］於崇文．成矿作用与耗散结构［J］．地质学报，1987（4）：336-349．

［19］於崇文．地球化学动力学体系［J］．现代地质，1989（3）：267-290．

［20］於崇文，蒋耀淞．云南个旧成矿区锡石－硫化物矿床原生金属分带形成的动力学机制［J］．地质学报，1990（3）：226-237．

［21］於崇文．地球科学中的一些科学思想与哲学观点［J］．地球科学，1992（S1）：9-17．

［22］岑况，於崇文．渗滤脉状矽卡岩成岩过程的计算机模拟［J］．地球科学，1994（1）：65-73．

［23］於崇文．地球化学系统的复杂性探索［J］．地球科学，1994（3）：283-286．

［24］於崇文．成矿作用动力学——理论体系和方法论［J］．地学前缘，1994（3）：54-73．

[25] 高合明，於崇文，鲍征宇. 斑岩铜矿床中脉体形成的动力学 [J]. 地质评论，1994（6）：508-512.

[26] 於崇文. 江西德兴斑岩铜矿田成矿作用的流体动力分形弥散机制 [J]. 地质评论，1995（3）：211-220.

[27] 於崇文，蒋耀淞，肖正域. 安徽铜陵层控夕卡岩型铜矿床的成矿作用动力学 [J]. 地质学报，1995（3）：243-254.

[28] 於崇文，蒋耀淞，肖正域. 热液成矿分带的溶解-沉淀波结构 [J]. 地球科学，1995（5）：540-550.

[29] ZHANG D H，YU C W，BAO Z Y, et al. Ore Zoning and Dynamics of Ore-Forming Processes of Yinshan Polymetallic Deposit in Dexing, Jiangxi [J]. Chinese Journal of Geochemistry，1997（2）：123-132.

[30] 张德会，於崇文，鲍征宇，等. 银山多金属矿床成矿分带的流体动力学计算模拟 [J]. 地球科学，1998（3）：267-271.

[31] 於崇文. 固体地球系统的复杂性与自组织临界性 [J]. 地学前缘，1998（3）：159-174.

[32] 於崇文. 大型矿床和成矿区（带）在混沌边缘 [J]. 地学前缘，1999（1）：85-102.

[33] 於崇文. 揭示地质现象的本质与核心——地质作用与时-空结构 [J]. 地学前缘，2000（1）：2-12.

[34] 於崇文. 地质作用的自组织临界过程动力学——地质系统在混沌边缘分形生长（上）[J]. 地学前缘，2000（1）：13-42.

[35] 於崇文. 地质作用的自组织临界过程动力学——地质系统在混沌边缘分形生长（下）[J]. 地学前缘，2000（2）：555-586.

[36] 岑况，於崇文. 金属矿物与造岩矿物共存时的溶解度与硫化物金属成矿作用 [J]. 中国科学（D辑：地球科学），2000（2）：449-455.

[37] CEN K，YU C W. The Solubility of a Metallic Mineral with Other Coexisting Cinerals and the Ore-forming Processes of Metallic Sulfides [J]. Science in China（Series D：Earth Sciences），2001（4）：289-297.

[38] 於崇文. 成矿动力系统在混沌边缘分形生长——一种新的成矿理论

与方法论（上）[J]. 地学前缘，2001（3）：9-427.

[39] 岑况，於崇文. 铜陵地区硫化物矿床成矿过程的热传导和物质输运动力学[J]. 地球科学. 2001（6）：533-539.

[40] 於崇文. 成矿动力系统在混沌边缘分形生长——一种新的成矿理论与方法论（下）[J]. 地学前缘，2001（6）：471-489.

[41] 岑况，於崇文. 成矿流体的流动-反应-输运耦合与金属成矿[J]. 地学前缘，2001（4）：323-328.

[42] 於崇文. 成矿动力系统在混沌边缘的分形生长——一种新的成矿理论与方法论[J]. 矿物岩石地球化学通报，2002（2）：103-113.

[43] 龚庆杰，岑况，於崇文. NaCl-H_2O体系中WO_3溶解度超临界现象实验探讨[J]. 中国科学（D辑：地球科学），2002（7）：562-567.

[44] 於崇文. 地质系统的复杂性——地质科学的基本问题（Ⅰ）[J]. 地球科学，2002（5）：509-519.

[45] 於崇文. 地质系统的复杂性——地质科学的基本问题（Ⅱ）[J]. 地球科学，2003（1）：31-40.

[46] 徐德义，於崇文，鲍征宇. B-ZCNN的混沌边缘和局部活性域[J]. 地学前缘，2003（2）：487-492.

[47] GONG Q J, CEN K, YU C W. Experimental Study on Supercritical Phenomena of WO_3 Solubility in NaCl-H_2O System [J]. Science in China（Series D：Earth Sciences），2003（7）：664-671.

[48] 徐德义，於崇文，鲍征宇. 热液成矿系统中一维反应扩散过程的混沌边缘[J]. 地学前缘，2004（1）：99-103.

[49] 於崇文. 多重水力断裂的分形扩张[J]. 地学前缘，2004（1）：11-44.

[50] 刘宁强，於崇文. 大吉山钨矿控矿断裂系统复杂性[J]. 地学前缘，2009（4）：320-325.

[51] LIU N Q, YU C W. Analysis of Onset and Development of Ore Formation in Dajishan Tungsten Ore Area, Jiangxi Province, China [J]. Journal of Earth Science，2011（1）：67-74.

参考文献

[1] 於崇文. 数学地质的方法与应用：地质与化探工作中的多元分析[M]. 北京：冶金工业出版社，1980.

[2] 於崇文，骆庭川，鲍征宇，等. 南岭地区区域地球化学[M]. 北京：地质出版社，1987.

[3] 於崇文，唐元骏，石平方，等. 云南个旧锡－多金属成矿区内生成矿作用的动力学体系[M]. 武汉：中国地质大学出版社，1988.

[4] 於崇文，岑况，鲍征宇，等. 热液成矿作用动力学[M]. 武汉：中国地质大学出版社，1993.

[5] 庆祝於崇文教授从教四十五周年[J]. 地球科学，1994（3）：2.

[6] 张本仁. 探索、创新的旅程——庆贺於崇文教授从教四十五年[J]. 地球科学，1994（3）：281-282.

[7] 於崇文. 成矿作用动力学——理论体系和方法论[J]. 地学前缘，1994，1（3）：54-82。

[8] 欧阳自远，倪集众，项仁杰. 地球化学：历史、现状和发展趋势[M]. 北京：中国原子能出版社，1996.

[9] 於崇文，岑况，鲍征宇，等. 成矿作用动力学[M]. 北京：地质出版社，1998.

[10] 於崇文. 大型矿床和成矿区（带）在混沌边缘[J]. 地学前缘，1999（2）：2-37.

[11] 王鸿祯. 中国地质科学五十年［M］. 武汉：中国地质大学出版社，1999.

[12] 於崇文. 揭示地质现象的本质与核心——地质作用与时 - 空结构［J］. 地学前缘，2000（1）：2-12.

[13] 於崇文. 地质作用的自组织临界过程动力学——地质系统在混沌边缘分形生长［J］. 地学前缘，2000（1）：13-42.

[14] 於崇文. 成矿动力系统在混沌边缘分形生长——一种新的成矿理论与方法论（上）［J］. 地学前缘，2001（3）：9-28.

[15] 周忠德. 甬籍院士风采录［M］. 杭州：浙江大学出版社，2001.

[16] 赵克让. 地苑赤子——中国地质大学院士传略［M］. 武汉：中国地质大学出版社，2001.

[17] 赵鹏大. 励精图治五十秋——中国地质大学简史［M］. 武汉：中国地质大学出版社，2002.

[18] 谢学锦. 面向21世纪的应用地球化学——谢学锦院士从事地球化学研究五十周年［M］. 北京：地质出版社，2002.

[19] 於崇文. 地质系统的复杂性［M］. 北京：地质出版社，2003.

[20] 卢嘉锡. 院士思维：第2卷［M］. 合肥：安徽教育出版社，2003.

[21] 韦国华. 60年奋斗只为对"地质科学是不科学的科学"说不——国家"十五"重点图书、於崇文院士著作《地质系统的复杂性》出版［J］. 中国地质教育，2004（2）：66.

[22] 瞿凌云，曹南燕. 年逾八旬攀登不息［N］. 长江日报，2005-11-25（003）.

[23] 中国科学院院士工作局. 科学的道路［M］. 上海：上海教育出版社，2005.

[24] 於崇文. 矿床在混沌边缘分形生长［M］. 合肥：安徽教育出版社，2006.

[25] 王根厚，刘剑平，胡玲. 求真务实 锐意创新——中国地质大学（北京）地球科学与资源学院党建工作纪实与探索［M］. 北京：地质出版社，2008.

[26] 郝翔，张锦高. 难忘山下前行——中国地质大学改革发展30年纪念文集［M］. 武汉：中国地质大学出版社，2009.

[27] 谢学锦，李善芳，吴传璧. 二十世纪中国化探（1950—2000）［M］. 北京：地质出版社，2009.

[28] 赵京燕，齐平生. "路漫漫其修远兮吾将上下而求索"——访著名地球化学动力学家、矿床地球化学家、中国科学院院士於崇文［N］. 中国矿业报，2010-05-18（B03）.

［29］周飞飞. 求索：为了地球科学精确化［N］. 地质勘查导报，2010-06-29（003）.

［30］梁婧. 但求精确不畏艰［N］. 经济日报，2010-07-11（008）.

［31］郝翔，王焰新. 中国地质大学史（1952—2012）［M］. 北京：中国地质大学出版社，2012.

［32］钱伟长，孙鸿烈. 20世纪中国知名科学家学术成就概览·地学卷·地质学分册（二）［M］. 北京：科学出版社，2013.

［33］湖北省科学技术协会. 科学家的故事：湖北院士风采［M］. 北京：世界图书出版公司，2013.

［34］宁波市镇海区科学技术协会. 镇海院士［M］. 北京：光明日报出版社，2017.

［35］杨守仁，李凤棠，张臣主. 中国地学通鉴：地质卷（上）［M］. 西安：陕西师范大学出版社，2018.

［36］欧阳志远，胡瑞忠，徐义刚. 中国地球化学学科发展史［M］. 北京：科学出版社，2018.

后 记

见於崇文院士前,我在同他的学生也是秘书刘宁强的交流中,得知於崇文院士是一位做事认真、态度严肃的人,但在之后与於院士的多次接触中,发现他待人热情,严谨之外还非常具有亲和力。

於崇文院士非常支持"老科学家学术成长资料采集工程"。2013年采集工作启动时,於院士已近90岁高龄,但他仍然积极配合资料采集工作。采集小组先后对他进行了6次直接访谈,平均每次访谈时间长达3小时。於院士曾经给一些部门提供过几份个人传记性文章,虽然短小但主要经历都在其中。於院士将这些材料一并送给我们,并耐心地为我们介绍其中的一些细节。

於院士在介绍自己的经历时非常谦逊,内容平实,从不拔高自己。比如,在谈及自己的学习成绩时,他说自己的小学成绩很普通,讲到考取国立西南联大时,他也没有标榜自己,而是谦虚地说战乱期间大学的录取分数线都不高。他坦率地讲到自己大学前后读了六年,包括休学半年、换一次专业、留级一次。提到筹建地球化学专业时,他强调同事曹添、张本仁都作出了更大贡献。於崇文这种实事求是、谦虚温谨的态度,让我们十分敬佩。受他影响,我们在本传记中力图客观真实,平实记述,尽可能地将我们了解到的信息展示出来。

於院士为人正直，待人真诚。我们在采集档案资料时，因为涉及个人信息，校方档案馆需要征求本人意见，於院士就让秘书给档案馆打电话，为我们开绿灯。2013年刚好赶上於院士九十华诞，他还邀请我们参加了分别在北京和武汉举行的两场庆祝会，会上得以接触到他的许多老同事和学生，为我们的间接访谈和资料采集工作提供了很大便利。在访谈过程中，我们接触到的很多他的同事、学生，无不对他表露出佩服和崇敬之情。

2013年12月，依托采集工程资料策划的"科技梦·中国梦——中国现代科学家主题展"在国家博物馆展出，於院士和夫人一起参看了展览。参观中於院士就说，"你们这个采集工程非常好，能弄到这么多很有价值的东西。很可惜，当年我们下放时扔了好多资料。原来我有个相机，在西南联大和北大地质系时拍了一些照片，后来经常搬家，搬来搬去不得已就扔掉了一部分。"言语中充满了遗憾。

於院士很少评价自己，但他认为自己从未偷过懒。访谈时於院士已九十高龄，有时候怕打扰先生休息，一般都是一两周访谈一次。有几次於院士提前主动给我们打电话说："明天有点时间，可以来办公室谈。"约了上午九点，於院士八点半左右就到了。在於院士办公室，他给我们展示堆在地上的几大箱的手稿，那是他手写完成的百万字的《地质系统的复杂性》专著。字迹工整，绘图清晰，批注规范，非勤劳之人难以完成。

於院士一生从未做过官，最大的"干部"就是做过一段时间的教研室副主任，可以说是一介布衣。他纯粹简单，乐于教学，潜心科研。他的同事殷鸿福院士评价说他更像是一位"西南联大式"的学者，而於院士认为自己就是教了一辈子书的老师。曾任浙江大学校长的竺可桢认为："教授是大学的灵魂，一个大学学风的优劣，全视教授人选为转移。假使大学里有许多教授，以研究学问为毕生事业，以培育后代为无上职责，自然会养成良好的学风，不断地培养出博学敦行的学者。"我们感觉，於院士应该就属于这样的教授。

完成於院士的传记后，我们真切地感受到：

於院士的一生是卓越的却又是平凡的。他参与筹建北京地质学院，是中国地质大学的创始人；他参与创建地球化学专业，是地球化学学科的奠基人；他学术成果迭出，著作等身，先后开辟和发展了 5 个创新的学术领域；他获奖不断，成功入选中国科学院院士。同时他又是平凡的，他出生在一个普通的工人家庭，中小学成绩普普通通；他没有留学经历，是一位从事地质教育的普通老师，默默无闻，辛勤耕耘七十余载。

於院士的一生是传奇的却又是真实的。他在战乱中成长，高中毕业后从上海辗转八省赴重庆投考，被国立西南联大和中央大学同时录取；他是西南联大（北京大学）地质系的高才生，大学毕业即留任北京大学助教，从教七十余年；他古稀之年入选院士，是少数国内自主培养的且又仅有本科学历的院士。同时他又是真实的、立体的，他并没有过人的智慧，人生路上也有过犹豫和彷徨；他在大学休过学、打过工，甚至也留过级；他报考留苏预备生选拔没有通过；他被下放干校劳动，过着农民一样的生活；他也曾为女儿的教育和高考操碎了心；他被推选三次中国科学院院士才最终当选。

於院士的一生正是中国历史跌宕起伏的一百年，完整地经历了百年中国的沧桑巨变，他的经历给我们展示了百年中国一位普通的知识分子随波逐浪而又不断奋斗的一生。希望通过此书能够让大家感受到他们那个时代的不易以及他们为求改变所做出的不懈努力，从而更好地珍惜当下。

传记很早就形成了，但是一直没有出版的计划。近些年提上出版议程后，曾想再去拜访於院士，但因新冠疫情原因，终未成行。2022 年夏，在疫情防控接近放开之时，却传来了於院士去世的消息，这使我们深感内疚与遗憾。

2024 年是於院士一百周年诞辰，谨以此书作为纪念。

最后，谨对所有帮助过采集小组的单位和个人致以最诚挚的谢意！

王新
2023 年 1 月

老科学家学术成长资料采集工程丛书
已出版（161种）

《卷舒开合任天真：何泽慧传》　　《此生情怀寄树草：张宏达传》
《从红壤到黄土：朱显谟传》　　《梦里麦田是金黄：庄巧生传》
《山水人生：陈梦熊传》　　《大音希声：应崇福传》
《做一辈子研究生：林为干传》　　《寻找地层深处的光：田在艺传》
《剑指苍穹：陈士橹传》　　《举重若重：徐光宪传》

《情系山河：张光斗传》　　《魂牵心系原子梦：钱三强传》
《金霉素·牛棚·生物固氮：沈善炯传》　　《往事皆烟：朱尊权传》
《胸怀大气：陶诗言传》　　《智者乐水：林秉南传》
《本然化成：谢毓元传》　　《远望情怀：许学彦传》
《一个共产党员的数学人生：谷超豪传》　　《没有盲区的天空：王越传》

《含章可贞：秦含章传》　　《行有则　知无涯：罗沛霖传》
《精业济群：彭司勋传》　　《为了孩子的明天：张金哲传》
《肝胆相照：吴孟超传》　　《梦想成真：张树政传》
《新青胜蓝惟所盼：陆婉珍传》　　《情系梁菽：卢良恕传》
《核动力道路上的垦荒牛：彭士禄传》　　《笺草释木六十年：王文采传》

《探赜索隐　止于至善：蔡启瑞传》　　《妙手生花：张涤生传》
《碧空丹心：李敏华传》　　《硅芯筑梦：王守武传》
《仁术宏愿：盛志勇传》　　《云卷云舒：黄士松传》
《踏遍青山矿业新：裴荣富传》　　《让核技术接地气：陈子元传》
《求索军事医学之路：程天民传》　　《论文写在大地上：徐锦堂传》

《一心向学：陈清如传》　　《钤记：张兴钤传》
《许身为国最难忘：陈能宽传》　　《寻找沃土：赵其国传》

《钢锁苍龙　霸贯九州：方秦汉传》　　《虚怀若谷：黄维垣传》
《一丝一世界：郁铭芳传》　　《乐在图书山水间：常印佛传》
《宏才大略　科学人生：严东生传》　　《碧水丹心：刘建康传》

《我的气象生涯：陈学溶百岁自述》　　《我的教育人生：申泮文百岁自述》
《赤子丹心　中华之光：王大珩传》　　《阡陌舞者：曾德超传》
《根深方叶茂：唐有祺传》　　《妙手握奇珠：张丽珠传》
《大爱化作田间行：余松烈传》　　《追求卓越：郭慕孙传》
《格致桃李半公卿：沈克琦传》　　《走向奥维耶多：谢学锦传》
《躬行出真知：王守觉传》　　《绚丽多彩的光谱人生：黄本立传》
《草原之子：李博传》

《此生只为麦穗忙：刘大钧传》　　《探究河口　巡研海岸：陈吉余传》
《航空报国　杏坛追梦：范绪箕传》　　《胰岛素探秘者：张友尚传》
《聚变情怀终不改：李正武传》　　《一个人与一个系科：于同隐传》
《真善合美：蒋锡夔传》　　《究脑穷源探细胞：陈宜张传》
《治水殆与禹同功：文伏波传》　　《星剑光芒射斗牛：赵伊君传》
《用生命谱写蓝色梦想：张炳炎传》　　《蓝天事业的垦荒人：屠基达传》
《远古生命的守望者：李星学传》

《善度事理的世纪师者：袁文伯传》　　《化作春泥：吴浩青传》
《"齿"生无悔：王翰章传》　　《低温王国拓荒人：洪朝生传》
《慢病毒疫苗的开拓者：沈荣显传》　　《苍穹大业赤子心：梁思礼传》
《殚思求火种　深情寄木铎：黄祖洽传》　　《仁者医心：陈灏珠传》
《合成之美：戴立信传》　　《神乎其经：池志强传》
《誓言无声铸重器：黄旭华传》　　《种质资源总是情：董玉琛传》
《水运人生：刘济舟传》　　《当油气遇见光明：翟光明传》
《在断了 A 弦的琴上奏出多复变　　《微纳世界中国芯：李志坚传》
　　最强音：陆启铿传》　　《至纯至强之光：高伯龙传》

《弄潮儿向涛头立：张乾二传》
《一爆惊世建荣功：王方定传》
《轮轨丹心：沈志云传》
《继承与创新：五二三任务与青蒿素研发》

《淡泊致远　求真务实：郑维敏传》
《情系化学　返璞归真：徐晓白传》
《经纬乾坤：叶叔华传》
《山石磊落自成岩：王德滋传》
《但求深精新：陆熙炎传》
《聚焦星空：潘君骅传》

《逐梦"中国牌"心理学：周先庚传》
《情系花粉育株：胡含传》
《情系生态：孙儒泳传》
《此生惟愿济众生：韩济生传》
《谦以自牧：经福谦传》

《世事如棋　真心依旧：王世真传》
《大地情怀：刘更另传》
《一儒：石元春自传》
《玻璃丝通信终成真：赵梓森传》
《碧海青山：董海山传》

《追光：薛鸣球传》
《愿天下无甲肝：毛江森传》
《以澄净的心灵与远古对话：吴新智传》
《景行如人：徐如人传》

《材料人生：涂铭旌传》
《寻梦衣被天下：梅自强传》
《海潮逐浪　镜水周回：童秉纲
　　口述人生》

《采数学之美为吾美：周毓麟传》
《神经药理学王国的"夸父"：
　　金国章传》
《情系生物膜：杨福愉传》
《敬事而信：熊远著传》

《恬淡人生：夏培肃传》
《我的配角人生：钟世镇自述》
《大气人生：王文兴传》
《历尽磨难的闪光人生：傅依备传》
《思地虑粮六十载：朱兆良传》

《心瓣探微：康振黄传》
《寄情水际砂石间：李庆忠传》
《美玉如斯　沉积人生：刘宝珺传》
《铸核控核两相宜：宋家树传》
《驯火育英才　调土绿神州：
　　徐旭常传》

《通信科教　乐在其中：李乐民传》
《力学笃行：钱令希传》
《与肿瘤相识　与衰老同行：
　　童坦君传》

《没有勋章的功臣：杨承宗传》　　《科学人文总相宜：杨叔子传》

《百年耕耘：金善宝传》　　《一生情缘植物学：吴征镒传》
《耕海踏浪谱华章：文圣常传》　　《一腔报国志　湿法开金石：
《守护女性生殖健康：肖碧莲传》　　　　陈家镛传》
《心之历程：夏求明传》　　《"卓"越人生：卓仁禧传》
《仰望星空：陆埮传》　　《步行者：闻玉梅传》
《拥抱海洋：王颖传》　　《潜心控制的拓荒人：黄琳传》
《爆轰人生：朱建士传》

《献身祖国大农业：戴松恩传》　　《一位"总总师"的航天人生：
《中国铁路电气化奠基人：曹建猷传》　　　　任新民传》
《一生一事一方舟：顾方舟传》　　《扎根大地　仰望苍穹：
《科迷烟云：胡皆汉传》　　　　俞鸿儒传》
《寻找黑夜之眼：周立伟传》　　《锻造国防"千里眼"：毛二可传》
《泽润大地：许厚泽传》　　《地学"金钉子"：殷鸿福传》